CÓMO VIVIR Y AMAR LA VIDA

Geneviève Behrend

Traducción de
Marcela Allen Herrera

WISDOM COLLECTION
PUBLISHING HOUSE

Wisdom Collection LLC
McKinney, Texas/75070
www.wisdomcollection.com

Cómo Vivir y Amar la Vida / Edición Revisada
Publicado en Estados Unidos
ISBN 978-1-63934-063-7

WISDOM
COLLECTION

La versión original de este libro fue publicada en 1922
por la destacada autora, Geneviève Behrend, quien es
reconocida por haber sido la única alumna del gran
científico mental, Thomas Troward.

Para otros títulos y obras del Nuevo Pensamiento,
visita nuestro sitio web

www.wisdomcollection.com

CONTENIDOS

PREFACIO

El propósito de esta serie de lecciones de consejo personal, compiladas en un solo volumen, es indicar de forma clara y precisa "los principios naturales que rigen la relación entre la acción creativa del poder del pensamiento y las cosas materiales", es decir, las circunstancias y condiciones.

Si se estudian y se dominan satisfactoriamente estos sencillos principios, y luego se ponen en práctica, el estudiante descubrirá muy pronto que es posible establecer contacto consciente con el Dios omnipotente, omnipresente, que nunca falla; y esto naturalmente significa libertad individual, libertad de toda forma de limitación y atadura de cualquier naturaleza. (Leer Marcos 9:23) Entonces, trata de creer que el Espíritu de vida, que es también tu vida, sabe "Cómo vivir y amar la vida". Toda la alegría que la vida tiene para dar es tuya ahora mismo.

Comencemos ahora el camino hacia el éxito sin límites. Dios nos guiará.

Tu compañera,
Geneviève Behrend.

i

CÓMO VIVIR Y AMAR LA VIDA

Según lo dicho por

El Sabio a su Alumno.

El Sabio: La Filosofía de Thomas Troward, expresada por Geneviève Behrend.

El Alumno: La Humanidad en General.

VIVE Y AMA LA VIDA

Maestro: Comencemos la clase de esta mañana con el conocimiento certero de que todo ser vivo desea disfrutar de la vida. Una vez que uno ha entrado en el verdadero Espíritu de la vida, no puede evitar amar la vida y ciertamente disfrutar de ella.

Alumno: Eso es. Si uno pudiera entrar en el Espíritu de vivir la vida, estoy seguro de que todos disfrutarían de ella. Sin embargo, me parece que la mayoría de la gente vive en el espíritu de la muerte más que en el de la vida. La persona promedio que conozco siempre está deseando ser capaz, pero al mismo tiempo sabe que no lo es. Eso no parece realmente vivir.

Maestro: Efectivamente, eso no es vivir. Las personas que viven en esa forma de acción mental son "muertos vivientes". Veamos si podemos encontrar un método fácil y lógico para entrar en el verdadero Espíritu de la Vida.

1

Sabemos que debemos entrar en el Espíritu de un libro, o de un cuadro, o de la música, de lo contrario, carecen totalmente de sentido para nosotros. Para apreciar realmente cualquier cosa, debemos compartir la actitud mental del pensamiento y sentimiento creativo que les dio forma exterior.

Alumno: Me pregunto si entrar en el espíritu de una cosa sería entrar en el prototipo espiritual de aquello que deseemos disfrutar. Por ejemplo, me gustaría mucho tener una casa propia, una pareja e hijos. ¿Puede uno realmente entrar en el espíritu de estas cosas buenas antes de tenerlas, o antes de verlas en forma?

Maestro: Me complace que menciones que el prototipo espiritual es el propósito espiritual o mental de una cosa, y es el verdadero lugar de origen de cualquier cosa. Entonces, ¿deseas un hogar, una pareja, hijos?

Alumno: Sí, una casa en el campo, no una casa demasiado grande, pero lo suficientemente grande como para ocupar todas sus habitaciones.

Maestro: ¿La casa será el hogar?

Alumno: Sí, por supuesto.

Maestro: Te ha preguntado esto porque una casa no siempre es un hogar, mientras que una simple carpa puede serlo. Tu prototipo de hogar sería protección, refugio, libertad. Para empezar por el principio, entremos en el sentimiento de perfecta protección, refugio, libertad. Sintámonos realmente en sintonía con estas cualidades del Espíritu; y ellas, a su vez, atraerán hacia nosotros los caminos y los medios para el hogar.

Alumno: Hasta ahora, he estado mezclando todo en mi pensamiento. ¿No debería tomar cada cosa por separado e intentar entrar en el origen espiritual o propósito de esa única cosa antes de pasar a otra?

Maestro: Por supuesto, debes terminar de plantar un pensamiento de forma segura en la mente antes de tratar de introducir otro. Después de haber sintonizado realmente con el sentimiento de protección, refugio, seguridad, libertad, entonces, comienza a construir mentalmente tu casa y habítala con un cónyuge e hijos. Así estarás haciendo una imagen mental de las formas que deseas que tome la Energía Creativa. Debes ser específico y preciso al hacer tu imagen mental, recordando que la imagen mental que haces es el molde en el cual se vierte el Espíritu no formado para solidificarse en forma exterior real. La casa en sí puede ser un bungalow o una casa de dos pisos, o puede ser de ladrillo, de piedra o de madera. Puede tener un cierto número de habitaciones, puertas, ventanas, chimenea, etc. En otras palabras, primero debes planear mentalmente tu casa. Cuando tu imagen mental está perfectamente terminada y tu sentimiento sea que estas cosas son tuyas ahora, sabiendo que tu mente está en perfecta sintonía con la Fuente de todas las cosas, entonces, y no hasta entonces, estarás listo para dar el siguiente paso hacia el logro de tus deseos.

Alumno: Pero el asunto del cónyuge adecuado, eso me parece muy difícil. En primer lugar, no estoy en condiciones de ponerme en contacto con personas que puedan interesarme, ahora solo tengo dos conocidos, con ninguno de los cuales me gustaría vivir en mi casa modelo.

Maestro: Lo que dices no entra en el asunto para nada. Todo lo que el individuo hace es colocar en el Poder Creativo Originario la cualidad que uno desea diferenciar, tal como uno se conecta a la corriente eléctrica en la casa cuando desea usarla. La luz, el calentador, el refrigerador, el ventilador, la plancha o cualquier otra cosa que quieras usar, todo están ahí. Todo el poder también está ahí. Está listo y esperando; todo lo que hace falta es que lo reconozcas y actúes para utilizarlo. Tu reconocimiento y tu deseo hacen que establezcas el contacto adecuado, y el poder que está ahí hace todo el resto. Las formas y los medios de tu encuentro con la pareja adecuada no son asunto tuyo; se alinean automáticamente como resultado de encender el interruptor correcto.

Alumno: ¿Quiere decir que no es necesario que haga nada para intentar conocer gente? ¿No tengo que ir a fiestas o visitar a amigos? A veces, a pesar de que estoy mucho más feliz en casa, voy a esos lugares y hago tales cosas porque siempre existe la posibilidad de encontrar a la persona adecuada.

Maestro: Todo eso es completamente innecesario. El poder que has encendido dentro de ti es un poder de atracción, ¡recuérdalo!. Para darte un ejemplo: Una vez, cuando estábamos en Chicago, viviendo en el "Medinah Athletic Club", una joven se me acercó con una actitud muy parecida a la que expresas y recibió la misma respuesta que te doy aquí. Ella era una enfermera, graduada de St. Luke. Estaba cansada de vivir sola, deseaba un hogar, un esposo, hijos. Después de haber tenido conmigo diez o doce entrevistas personales y lecciones, una mañana, cuando salía de mi apartamento, le dije que no sería necesario que volviera a verme. Ella también estaba segura de que el contacto se había establecido. Mi apartamento estaba en el piso cuarenta y dos, y mientras bajaba en el ascensor, dijo que la invadió "una gran oleada de paz y satisfacción". En ese momento, tenía la conciencia del amor y la protección en su corazón. En el piso treinta y cuatro se detuvo el ascensor y subió un joven que estaba muy enfermo. Casi al instante se desplomó en el suelo, inconsciente. El ascensorista lo conocía, ya que tenía un apartamento en el edificio; la enfermera y el ascensorista llevaron al hombre a su apartamento, a la cama, y llamaron al médico del edificio, que dijo que la enfermera había hecho lo correcto. Al cabo de una hora, el hombre recobró el conocimiento y mandó llamar a su propio médico, quien decidió asignarle una enfermera. Pero el paciente insistió en tener a la enfermera que le había ayudado a bajar del ascensor, y la mantuvo con él hasta que se recuperó por completo. Unos seis meses más tarde, el paciente y la enfermera se casaron.

Alumno: Sin duda fue un golpe de suerte para ella, haber tomado ese ascensor, en ese momento. Eso me parece como tener el boleto ganador de la lotería. Por supuesto, siempre alguien gana, pero no hay certeza al respecto, ¿verdad?

Maestro: Realmente las dos posiciones no son en absoluto paralelas; ni siquiera son similares. Con la enfermera no fue suerte ni mucho menos. Deliberadamente, conscientemente, con fe, ella se había conectado a un circuito de gran poder dentro de sí misma, el circuito del Poder Universal que llamamos Dios, o Vida, y que produjo una perfecta reciprocidad de sentimientos y una cierta sensación de seguridad, protección, provisión, compañía. En otras palabras, deliberadamente "inició una cadena de causalidad dirigida a su propósito individual", como diría Troward, del mismo modo que conectarías el cable a tu plancha eléctrica si quisieras planchar ropa. No fue una cuestión de suerte, en absoluto, fue la ciencia más pura, manifestándose, como siempre lo hace y lo hará, en respuesta a un fuerte deseo científicamente colocado. Tanto si se trata de conectarse a un circuito de energía eléctrica como de sintonizarse con el Principio Vital Creativo, el procedimiento es exactamente el mismo.

Alumno: Empiezo a ver la luz. Pero el caso que me acaba de contar me sigue pareciendo bastante sorprendente e inusual.

Maestro: Eso se debe a que no has entrenado la cualidad objetiva de tu mente para saber que siempre puede confiar en el Espíritu Creativo Inteligente de la Vida dentro de ti. Estás dejando que las ideas preconcebidas, superficiales y falsas, tomen precedente en tu mente sobre el Principio científico puro. No crees que necesitas conocer los principios de la electricidad antes de poder utilizar tu aspiradora. Todo lo que sabemos sobre la electricidad lo deducimos de lo que vemos que hace. Lo mismo ocurre con la Vida. Los principios más ocultos de la vida seguirán siendo siempre un profundo misterio. Pero uno puede, y debe, vivir la vida plenamente en uno mismo y amarla.

Alumno: Me pregunto si la enfermera "vivió feliz para siempre" con su esposo inusualmente adquirido. ¿Y tuvieron el hogar y los hijos que tanto deseaba?

Maestro: La pareja vive muy felizmente desde hace varios años y tiene un hogar confortable y tres hijos. Más adelante explicaré más sobre esto. El secreto de vivir la vida y amarla es esto: En primer lugar, tu sentimiento hacia la vivencia de la vida en ti, así como en toda la vida en todas partes, debe ser reconocer la vida como Inteligente y saber que cuando esta Inteligencia está trabajando a través de ti no cambia su naturaleza esencial.

Siempre ha sido un poder receptivo, que es susceptible a la sugestión, y siempre es responsivo y creativo. Esta es la base del significado de Troward en sus palabras, las cuales utilizo como mi propia afirmación favorita, que es esta:

Mi mente es un centro de operación divina. La operación divina es siempre para la expansión y la expresión más plena; y esto significa la producción de algo más allá de lo que ha sucedido anteriormente, algo completamente nuevo, no incluido en la experiencia pasada, aunque procede de ella por una ordenada secuencia de crecimiento. Por lo tanto, puesto que la Divinidad no puede cambiar su naturaleza inherente, debe operar de la misma manera en mí, en consecuencia, en mi propio mundo especial, del cual yo soy el centro, avanzará para producir nuevas condiciones, siempre por delante de cualquiera que haya existido antes.

Una vez que realmente conectas tu conciencia individual al gran poder del universo, lo anterior será tu línea de pensamiento. Involuntariamente, mirarás al principio de Vida en ti, no solo como la única energía creativa, sino también como un poder directivo. Es decir, dejarás que Dios determine, a través de tu mente consciente, las formas y el curso que tomarán las condiciones para sus manifestaciones en tu propio mundo individual. Recuerda siempre que el Espíritu Originario de la Vida (también de tu vida) es siempre un poder formador. Es por esta razón que debemos tener tanto cuidado en la selección de nuestros pensamientos y sentimientos habituales, ya que ellos crean, y por siempre lo harán.

Alumno: ¿Cómo puedo saber, por ejemplo, que mi verdadera pareja está siendo guiada hacia mí, o yo hacia ella?

Maestro: Por tu sentimiento de certeza, aunque las condiciones externas no muestren signos de ello. Aun así, estás seguro. Te sientes cerca. Sabes que estás protegido. Sientes la influencia del amor a tu alrededor. Has estimulado estas cualidades especiales de Vida en tu mundo individual por haber mirado persistentemente a Dios, sabiendo que él se manifiesta en ti. Tu actitud mental de fe, confianza y expectativa ha atraído todas las alegrías de la vida. Te das cuenta de que todo lo que la Vida tiene para dar, está presente contigo ahora, así como todo lo que la luz tiene para dar está presente dondequiera que esté la luz.

Alumno: Entiendo que, si vivo lo más estrechamente posible en la conciencia de reciprocidad de sentimientos, y sabiendo que el amor me guía, me protege y me provee con su abundancia, ¿puedo atraer estas cualidades de la vida en forma de una persona?

Maestro: Sí. Para la casa y el hogar siente protección, refugio, armonía perfecta. Para una pareja, siente amor y alegría; luego vive en el sentimiento de estas cosas. El sentimiento es uno de los elementos más fuertes de la vida y también es el más receptivo.

EL FINO ARTE DE DAR

Alumno: Me parece que el ritmo que establece aquí va a ser una disciplina bastante severa para mí. Sin embargo, como solo serán unas semanas, lo intentaré. Si al final de ese tiempo no se produce ninguna mejora importante, tanto por dentro como por fuera, puedo dejarlo. ¿No es así?

Maestro: Sí, pero no comiences este estudio a la ligera. Y no busques cultivar una relación con Dios por el bien de lo que puedas obtener de él. Este es un trágico error que mucha gente comete, y que a muchos les cuesta rectificar. Primero buscan obtener, y prometen fielmente que luego darán. Pero, al hacerlo, han invertido la Ley de Compensación del Espíritu, que es tanto justa como buena, y que es tan inmutable como justa y buena.

Alumno: Eso suena interesante. ¿Cuál es esta gran Ley?

Maestro: La ley es que primero debemos dar. Y después de haber dado, el recibir viene automáticamente, igual que el día viene naturalmente con la salida del sol. Pero el obtener algo bueno nunca precede al dar algo de valor. El verdadero dar, dar con amor como si fuera a Dios mismo, no puede empobrecer a nadie; y el negarse al Espíritu y a su servicio no puede enriquecer verdaderamente. En verdad, "más bienaventurado es dar que recibir". Dar como Dios abre completamente el Santuario de Jehová dentro de nosotros, en el que siempre podemos encontrar la Paz. Dar hace del dador un canal directo para la transmisión de Infinito Amor y Poder en la vida diaria. Entonces, la adversidad huirá, y el logro de todas las cosas que quieras, sigue inmediatamente. Pero, repito, ¡primero debes dar!

Alumno: Pero ¿qué podemos dar a Dios, si él ya lo tiene todo?

Maestro: Podemos darle la única cosa de la que no tiene demasiado, de la que nunca puede tener demasiado, de la que nunca podemos esperar darle demasiado. La única cosa que Dios desea que le demos, primero, último y siempre, es nada menos que el regalo más grande del Universo. ¿Qué es?

Alumno: Estoy seguro de que es Amor.

Maestro: Correcto. Pero, ¿qué es el Amor?

Alumno: Dios es amor.

Maestro: Eso también es correcto. Pero si Dios es Amor, ¿qué es Dios? Y si el amor es Dios, ¿qué es el amor?

Alumno: ¿Acaso es una parábola? ¿Qué es el Amor? ¿Qué es Dios? Eso es justo lo que a mí también me gustaría saber. ¡Dígame, por favor!

Maestro: Cada uno debe responder por sí mismo qué es Dios y qué es el Amor. Porque, después de todo, tu propia concepción de Dios y del Amor es Dios y es el Amor para ti. Sin embargo, podemos exponer algunas ideas útiles y prácticas. Para algunos, el amor es pasión, y solo puede ser conferido o provenir del sexo opuesto. Para otros, el amor es la ternura de una madre por su hijo, o de un padre cariñoso por su familia. Para otros, el amor es el amor por los amigos, los padres, o incluso, por los huérfanos. Y hay quienes se aman a sí mismos por encima de todo. Pero el verdadero amor es el amor a Dios y por Dios. Amarlo es el primer mandamiento. Si uno guarda este gran mandamiento, no hay necesidad de ningún otro mandamiento; porque si realmente amamos a Dios, que es el primero y el más grande de los mandamientos, automáticamente conservamos íntegros todos los demás.

Alumno: ¿Es suficiente con amar a Dios con todo el corazón, con toda el alma y con toda la mente? ¿No debemos también hacer algo al respecto?

Maestro: Ciertamente, debemos hacer algo al respecto. El amor sin los frutos del amor está muerto. Si amamos a Dios, lo serviremos con devoción, fidelidad, felicidad y continuamente.

Alumno: ¿Cuál es la mejor manera de servirle?

Maestro: Dándonos al prójimo. Dándonos al prójimo como a nosotros mismos. Por ejemplo, un científico, como el doctor Walter Reed, que da su propia vida, con amor y alegría para beneficiar a la humanidad, conoce el verdadero amor de Dios. Lo mismo ocurre con la heroica enfermera que atiende a los afligidos por puro amor a la humanidad. También lo hace la madre, el padre, el maestro o el ministro abnegados. Hay muchas maneras de servir. No todos poseen talentos científicos, ni talentos curativos, ni talentos reconfortantes. Pero todos poseen algo que pueden dar. Algunos que se sienten incapaces de servir directamente dan de sí mismos donando dinero a causas dignas, y así también están sirviendo a Dios porque aman a su prójimo y, por lo tanto, lo aman a él. Déjame darte un ejemplo de amor verdadero tal y como lo conocí personalmente en una mujer maravillosa, uno de los muchos casos que conozco.

Alumno: Sí, veamos un ejemplo. Siempre ayudan a aclarar las cosas y nos muestran cómo otros han hecho lo que deseamos hacer.

Maestro: Muy bien. Esta alma divina se crio en un hogar de gran riqueza y cultura. Pero siendo muy joven decidió salir al mundo, "a la línea de fuego", como ella lo llamaba, para servir allí activamente y con amor. Ella se hizo monja y fue destinada a un hospital como enfermera. Cuando comenzó su trabajo, se llenó de amor por la humanidad, de entusiasmo por servir a Dios, mediante el servicio a los que sufren. Servía amorosa, feliz y fielmente ocho horas diarias, o incluso doce horas diarias. Pero el hospital estaba tremendamente falto de personal, y Mary, como la llamaremos aquí, pronto estuvo sujeta a trabajar dieciséis horas diarias. Con frecuencia, durante las ocho horas que se suponía que debía descansar, la llamaban y le pedían que prestara más servicios. Su habitación estaba en la misma planta que la de muchos pacientes, y esta sala estaba a su cargo día y noche. A menudo, a las dos o tres de la mañana, sonaba la campana junto a su cama con una llamada urgente. Se levantaba inmediatamente, iba a ver al paciente y atendía sus necesidades. Sin embargo, con el tiempo, empezó a cansarse físicamente y a resentir las llamadas que interrumpían su descanso, sobre todo cuando el paciente solo deseaba beber agua, o que quería que le ajustaran la almohada de una forma determinada, o que simplemente se sentía solo, todo lo cual eran nimiedades irritantes para una enfermera cansada. Estas pruebas se prolongaron durante un mes o más, aparentemente de mal en peor. Casi desesperadamente, Mary resolvió inmediatamente hacer algo al respecto. Así que buscó la mejor manera de remediar la situación. Durante días reflexionó sobre el asunto, pidiendo guía al Espíritu. Por fin llegó la señal, ¡directamente del Infinito! Tomó una pequeña tarjeta, escribió el nuevo lema que había recibido y lo colgó en la pared sobre su cama, justo al lado de la campana de servicio, para que pudiera verlo y recordarlo cada vez que sonara el timbre. En la tarjeta había escrito: "El maestro llama". Por supuesto, su sistema funcionó desde el principio. Rápidamente respondía al timbre, incluso mientras buscaba a tientas su luz: "El maestro llama". Y ella se levantaba e iba a servir, sin impaciencia, sin resentimiento, sí, regocijándose en la oportunidad de servir de nuevo en el amor. En consecuencia, su energía era inagotable; hacía con facilidad y alegría el trabajo de tres enfermeras, siempre descansada, siempre fresca, siempre eficiente, siempre sonriente cada vez que la llamaban. Sus pacientes la querían mucho. Siempre estaba alegre, siempre animando, siempre resplandeciente, por así decirlo, con un Amor santo. Y para los que no conocían su secreto, que eran muy pocos, los pacientes que atendía parecían "milagrosamente curados". Que su lema sea también: "¡El maestro llama!". Y recuerda que el más humilde servicio que puedas prestar al más humilde de tus semejantes, si se presta con amor, es un servicio directo a él.

Alumno: Esta es una ilustración profundamente hermosa y poderosa. ¿Ese es el lema, o el principio que usted utiliza para ayudar a las personas que acuden a usted? Si no es así, ¿cuál es su secreto personal para servir?

Maestro: Mi propio método, en cierto modo, es muy similar al de Mary. Al igual que ella, deseo servir con amor, servir al mayor número posible de personas, ayudar hasta el límite de mis fuerzas, a aliviar todo tipo de sufrimiento, físico, mental, espiritual o cualquier otra forma de infelicidad. No solo me esfuerzo por ayudar a quienes me buscan, sino a cada persona cuya mano tomo en la mía en señal de saludo, cada persona a cuyos ojos miro, en todo momento y en todo lugar, sí, incluso la dependienta de la tienda, el lechero que viene a mi puerta, el mendigo de la calle, todos aquellos a quienes hablo, en todo momento reciben de mí el mismo fuerte impulso espiritual. Intencionadamente veo al Cristo Radiante en Todos.

Alumno: Pero, una vez usted me dijo que nunca trata mentalmente a la gente a menos que le pidan ayuda.

Maestro: No lo hago, ni específicamente, ni en ninguna otra circunstancia. Mi secreto es este: He formado deliberadamente el hábito de contemplar a Cristo en cada alma en la que se detiene mi mirada. Nunca veo a nadie como pobre, viejo, enfermo, afligido, solitario, malvado o imperfecto de ninguna manera. Contemplo a todos y cada uno como perfectos. Solo veo al Cristo Radiante en cada uno de ellos, porque el Cristo está en cada uno de ellos.

EL ARTE DE LA RECIPROCIDAD

Maestro: Toda la Biblia, todos los sabios de todos los tiempos, todas las fuentes de la verdad real, se unen en un acuerdo absoluto con respecto a una gran cosa, a saber: Que Dios y el ser humano son uno, y no dos, que los "dos" no están separados, sino indisolublemente unidos en una perfecta y armoniosa unión. Lo invisible (Espíritu) y lo visible (forma, o materia), en realidad, están inseparablemente conectados. Cada uno es un complemento del otro. Y toda la verdad solo se encuentra en la combinación de los "dos", que realmente no son dos, sino uno a través de la unión eterna.

Alumno: Estoy especialmente contento con esta conclusión porque solía pensar que una persona no podía tener bendiciones espirituales y físicas al mismo tiempo. Pensaba que el mundo físico no tenía nada de Dios. Pensaba que el Espíritu estaba completamente separado de la forma, o la materia. Ahora estoy seguro de que la razón por la que no hice ningún progreso real fue porque estaba tratando de tener una vida interior sin un exterior, y un exterior sin ningún interior. En otras palabras, simplemente estaba viviendo en el mundo físico sin ser consciente del hecho de que siempre tengo una conexión directa con el reino Espiritual. ¿Estoy en lo correcto, al creer y sentir que debo tener la comprensión de que cada uno es vitalmente necesario para el otro en la formación de una entidad sustancial?

Maestro: Efectivamente. Nadie puede llegar muy lejos en el camino de la verdad hasta que se da cuenta de que nunca hubo, y nunca habrá, un interior sin un exterior también. Mientras que uno es visible y el otro invisible (para el ojo humano), la única realidad está en la combinación de los dos. Una constante conciencia de este hecho nos proporciona esa radiante realización de unidad, de unión, que debemos tener si esperamos progresar en la Verdad.

Alumno: Después de esta comprensión básica, ¿qué otras verdades debemos tener?

Maestro: Debemos saber que subyacente a la totalidad de todas las cosas está la fuente de todas las cosas, la gran Inteligencia Cósmica. Debemos saber que ninguna cosa física por sí sola puede crear nada. La forma física es el instrumento que la Vida (Dios) formó de su propia esencia para tener algo a través de lo cual poder obrar sus maravillas, y también darles forma. Pero él siempre vive en ese instrumento. Nunca pierdas de vista este hecho: El poder es siempre mayor que la forma a través de la cual se manifiesta, al igual que la electricidad es infinitamente mayor que la ampolleta a través de la cual se manifiesta como luz. A través de la unión de las formas, positiva con negativa, o masculina con femenina, o Espíritu con Alma, resulta la creación de todas las formas, o canales, o cosas físicas. Este principio eterno recorre toda la Biblia, es su trama, toda su sustancia. Busca la respuesta en ese gran libro.

Alumno: Mucha gente dice que la Biblia es "anticuada", que es un libro de fábulas y cuentos antiguos, etc.

Maestro: ¿Qué opinas tú? ¿Cuál crees que es la guía más fiable, los espiritualmente oscurecidos que critican la Biblia o tu propia alma que reconoce la luz cuando la ve? ¿Vas a pensar por ti mismo o te conformarás con dejar que otros lo hagan por ti, y además equivocadamente? Si tenemos que acudir a otras personas en nuestra búsqueda de la verdad, decidámonos a acudir a las que tienen la luz del Espíritu. Por ejemplo, ¿qué dice Troward de la Biblia? Dejemos que su sabiduría nos sirva de guía. Él nos dice que la Biblia es el libro de la emancipación del ser humano. Añade que esto significa la completa liberación del dolor, la enfermedad, la pobreza, la lucha, la incertidumbre, de la ignorancia y la limitación, y finalmente de la muerte misma. Este noble concepto de Troward es exactamente lo que es la Biblia. Con un libro tan maravilloso, uno no debería sorprenderse al saber que tiene la circulación más amplia de cualquier libro jamás publicado, que sigue siendo el más vendido del mundo. Si la Biblia no fuera la verdad, no viviría a través de tantas generaciones, ni mantendría su destacada posición. Por lo tanto, partamos de la base de que Troward tiene razón, de que la Biblia contiene el secreto por el que se puede alcanzar el arte de vivir una vida perfectamente libre y feliz.

Alumno: Pero la Biblia nunca ha sido un libro muy interesante para mí. La he considerado como "fábulas del viejo mundo".

Maestro: No te interesó porque no lo entendiste. Sin embargo, es un libro muy científico, lleno de hechos interesantes y de verdades que dan vida, el mejor libro jamás escrito sobre la mayor de todas las ciencias, la ciencia de la vida.

Alumno: Mis padres eran personas religiosas, iban a la iglesia todos los domingos por la mañana, rezaban todos los días y todo eso. Pero nunca pude ver que estuvieran mejor o fueran más felices —si es que eran felices— que los vecinos que nunca iban a la iglesia. Pero estaré encantado de hacer un esfuerzo honesto por entender y seguir todo lo que me indique, incluso la Biblia, si usted lo dice.

Maestro: He hablado. Y porque eres honesto en tu deseo, serás honesto en tu pensamiento; y el pensamiento honesto hace a un verdadero estudiante. Debido a que realmente deseas comprender el arte de vivir, llegarás a conocerlo, y cuando conozcas la Vida y realmente la vivas, seguramente la amarás. Repito, la Biblia es el libro de la vida y de las leyes inmutables de la vida. Recuerda siempre que las leyes de la vida contienen en sí mismas la solución a todos los problemas humanos. De hecho, la sabiduría es el comienzo de la magia. El Espíritu de Cristo, o la vida inteligente dentro de nosotros, es la luz de cada uno de nosotros. Siempre hará que el camino sea fácil, interesante y alegre, si tan solo estudiamos y entendemos cómo usar nuestro propio Poder Divino, y realmente lo utilizamos. Una vez que uno ha adquirido el hábito de buscar en la Biblia la respuesta a todos los problemas, esta se convierte en una linterna en una noche oscura. Los próximos pasos pueden estar en total oscuridad, pero cuando te acercas la luz que llevas ilumina el camino y sabes exactamente dónde pisar, y qué hacer. Tu sentimiento se ve influido en la dirección correcta. Es cierto que la Biblia vela sus secretos más profundos en símbolos y parábolas; pero la sabiduría está ahí para el buscador sincero y consagrado. Tal vez, el autor tenía razón cuando escribió:

"El verdadero artista descubre que los materiales para su arte están siempre presentes. Pero los que pueden discernir los posibles usos de estos materiales variados, y que poseen el instinto, la intuición y la formación para darles el mejor uso, son siempre pocos. Los materiales con los que se hace el arte están siempre presentes, pero el artista solo aparece a intervalos".

Lo mismo ocurre con la misteriosa fuerza que llamamos Vida. Cada persona la tiene; pero los que comprenden y utilizan las mejores posibilidades de la vida y que, en consecuencia, obtienen de ella su más rico crecimiento, son realmente muy pocos. Así que pongamos en este estudio de la vida nuestra más noble energía personal.

Alumno: A juzgar por lo que dice aquí y por lo que ya nos ha enseñado en estas lecciones, me parece que nuestro perfeccionamiento del arte de vivir y amarlo, se basa en el entrenamiento de la mente y el sentimiento hasta el punto donde encontraremos tanta alegría y satisfacción en la autodisciplina, como antes encontrábamos en la autoindulgencia. ¿Estoy en lo cierto?

Maestro: Sí. Una vez que uno ha llegado tan lejos en el camino, se encuentra entonces en la última vuelta y en el "camino que es recto", el camino de esplendor que conduce directamente a la unión consciente con el Padre. La Biblia dice que el arte de vivir y amar realmente la Vida se centra en el registro de los pensamientos y sentimientos del individuo, sus aspiraciones, inspiraciones y experiencias, en su descubrimiento del Espíritu de Vida como "una ayuda siempre presente en los problemas". Cuando una persona ha encontrado en su interior su ser real (el Ser Divino o la Radiación-Cristo), cuando ha descubierto las infinitas posibilidades y potencialidades con las que está siempre rodeado, cuando vive estas cosas y ama la vida que vive, se convierte en el verdadero artista. Entonces utilizará los materiales adecuados, entonces producirá los resultados deseados en la forma del cuadro que concibió originalmente.

Alumno: Supongamos que uno nunca ha tenido las ventajas de una educación superior, que toda su vida ha sido común y restringida, ¿podría tal persona comprender y aplicar estas hermosas e interesantes verdades?

Maestro: Efectivamente. La posición de uno en la vida no hace la más mínima diferencia. Puede tratarse de una mujer que intenta cocinar una buena comida en la única habitación que tiene, en una cocina de gas de un solo quemador. Puede tratarse de un vendedor de zapatos que pasa todo el día intentando satisfacer a las clientas que insisten en que intente adaptar perfecta y cómodamente unos zapatos delicados a sus grandes pies. Uno puede ser rey o reina, sirviente o mendigo. Alto o bajo; exaltado o humilde. El ser humano es un ser espiritual, mientras pueda pensar, siempre podrá cambiar los efectos externos o físicos para adaptarlos al deseo de su corazón. Y los primeros pasos están en el pensamiento y en el sentimiento.

Alumno: Cuando todo el entorno de uno es de pobreza, enfermedad u otras oscuras limitaciones, ¿cómo puede uno tener pensamientos hermosos y esperanzadores? ¿No es cierto que el entorno influye en nuestros pensamientos y sentimientos? Mientras uno se vea obligado a vivir en el mismo entorno adverso, no veo cómo puede haber mucho cambio.

Maestro: Si uno estuviera perfectamente satisfecho con un entorno como el que describes, no podría haber, y no habría, ningún cambio. Pero si uno estuviera divinamente insatisfecho con tales condiciones y deseara mucho cambiarlas, puede hacerlo en cualquier momento, tan completamente como lo desee, recurriendo y utilizando las leyes de la vida. Por ejemplo, supongamos que deseas un puesto más agradable, más lucrativo, con menos horas de trabajo, etcétera. Si vas a buscar un trabajo así, empieza por sentir que tienes algo valioso que dar a un empleador, y no salgas para ver cuánto puedes conseguir. Si das, automáticamente recibirás. Lleva contigo la luz de la conciencia de Dios cuando busques mejorar tu posición; y cuando te acerques a tu posible empleador, deja que esa luz brille. Supongamos también que deseas una casa mejor y más cómoda donde vivir. El simple hecho de que desees este cambio es una prueba positiva de que puedes tenerlo, si cumples los requisitos. Muchas personas tratan de traer armonía al hogar consiguiendo una casa más grande y mejor, o cambiando de compañía, mudándose a otra comunidad.

Alumno: Eso ayudaría, ¿no es así?

Maestro: Temporalmente podría. Pero no perduraría en ningún sentido. Intentar traer la felicidad o la libertad a la propia vida solo a través de cambios externos no es sabiduría, no es verdadero arte. Es un uso incorrecto de los materiales divinos. El cambio debe ocurrir primero dentro. Debe establecerse primero en la mente y arraigarse firmemente en ella, para que su efecto no sea solo temporal. Mientras una tendencia de pensamiento permanezca igual, el resultado será el mismo. La ley de la vida es la siguiente: Para cambiar un efecto, primero hay que cambiar la causa. La causa dirige; los efectos siguen. El pensamiento es la causa; las condiciones son los efectos.

Alumno: El anhelo de un entorno hermoso, de salud y libertad, de un cuadro encantador en perfecto equilibrio, ¿proviene del gran artista que ha creado toda la Naturaleza? ¿Es él quien está pintando su cuadro ideal para nosotros en el lienzo de nuestras mentes individuales?

Maestro: Sí, Dios es mente, vida, inteligencia, poder, belleza, amor, armonía, etc. Si deseamos alguna de estas cosas, entonces, seguramente el Creador de todas ellas debe haber plantado esa semilla-pensamiento en la mente. Debe haber susurrado en ese oído mental y en ese corazón espiritual que la verdad es tuya. Dios te ha elegido como un instrumento sagrado a través del cual manifestar todas sus bellas y maravillosas cualidades de Vida. Es el orden y la voluntad divinos que manifiestes esa cosa particular, ese lugar particular en la Vida.

CONCIENCIA DE DIOS vs. SENSORIAL

Alumno: Entonces, si nuestros buenos deseos son los deseos de Dios mismo que trata de manifestarse en nosotros y a través de nosotros como individuos, de alguna manera particular, ¿por qué hay tantos inadaptados en la vida? ¿Por qué hay tan pocos que están haciendo, realmente haciendo, justo lo que les gustaría hacer? ¿Por qué hay tan, tan pocos que viven la vida que realmente desean vivir? ¿Por qué? ¿Por qué? ¿Por qué? Seguramente Dios puede cumplir sus propios deseos.

Maestro: Si todas las cosas son posibles para Dios, entonces, nada es imposible para él. Dios ha proyectado a cada ser humano desde sí mismo, cada uno de nosotros posee una mente individual, con el único propósito de manifestarse a sí mismo y su gloria a través de nosotros. En verdad, la mente del individuo es el hijo de Dios. Al hijo se le ha dado absoluta libertad. Cada uno puede hacer de su vida lo que quiera, al menos por un tiempo. El ser humano ya posee todo lo que Dios tenía que darle. Cada uno puede construir o estropear su propio cuadro, exactamente como lo desee. Por naturaleza, el individuo es libre de atraer cualquier cosa de la Mente Paterna omnipresente; todas las cosas que necesite para satisfacer sus deseos. Si esto no fuera cierto, entonces, la más alta creación de Dios —el ser humano— sería prácticamente nada, un algo automático, como un reloj al que se le da cuerda y funciona hasta que se agota. Por el contrario, el ser humano es la propia idea de Dios hecha carne. La vida inteligente en el individuo es su Padre Divino. El ser humano ya es perfecto y completo, está hecho de la misma esencia que su Padre (Dios). Solo hay una razón por la que no todas las personas manifiestan y reproducen la vida, el amor y la belleza que vemos surgir en tal resplandor y perfección en toda la naturaleza; manifestándose en la naturaleza hasta el punto extremo en que las acciones mecánicas y automáticas pueden llevarlos. Pero nosotros como individuos tenemos una Ley del Ser que es algo diferente de la que gobierna a las otras criaturas del mundo que llamamos naturaleza. Para nosotros, los humanos, la única reproducción perfecta de la vida, el amor, el poder y la belleza que podemos conocer, debe provenir de la Libertad. Es decir, tenemos libertad de elección que es proporcional a la del propio Espíritu de vida originario. En otras palabras, como individuos tenemos la libertad de aceptar o rechazar el bien o el mal, exactamente como los elijamos. Y la elección que hacemos resulta del estado de nuestra conciencia. Si somos conscientes de Dios, somos dioses. Pero si solo tenemos la conciencia de los sentidos, entonces somos criaturas de la oscuridad, de la enfermedad, de la pobreza, de la soledad y de todas las demás cosas indeseables. "Elige bien a quién servirás", la conciencia de Dios o la conciencia de los sentidos, ¿cuál?.

Alumno: Nos ha dado una "dosis" poderosa e iluminadora aquí. Ya tenemos una lección completa. Pero aún no veo por qué la creación más elevada de Dios, el ser humano, debería rechazar alguna de las cosas buenas de la vida.

Maestro: Si el individuo realmente entendiera la ley de su propio Ser, nunca rechazaría las cosas buenas. Pero son pocos los que comprenden plenamente esta ley, que es una puerta abierta de par en par a la libertad absoluta. La mayoría cree que la "ley de su ser" es una ley de limitación y no una ley de libertad absoluta. En esta maravillosa cita de Troward, tienes toda la historia de la limitación:

"El individuo no espera encontrar el punto de partida del proceso creativo reproducido en sí mismo, así que busca en el lado mecánico de las cosas la base de su razonamiento sobre la vida. En consecuencia, su razonamiento lo lleva a la conclusión de que la vida es limitada, porque ha asumido la limitación como su premisa; y así, lógicamente, no puede escapar de ella (limitación) en su conclusión".

Aquí Troward muestra muy claramente que todo es cuestión de conciencia. Y así resulta la tragedia porque el individuo en su densa ignorancia ridiculiza la idea de trascender la ley de limitación, olvidando por completo (si es que alguna vez lo aprendió) que la ley puede incluir todas las leyes inferiores tan plenamente como para tragarlas por completo.

Alumno: Por lo que dice, parece ser que la única razón por la cual una persona conoce la limitación, de cualquier tipo, es su propia falta de comprensión. ¿Es culpa del individuo porque no sabe?

Maestro: Nadie es culpable de lo que no sabe. Sin embargo, todas las personas sufrirán por no utilizar lo que saben. Y seguirán sufriendo hasta que, como los niños pequeños, aprendan de la experiencia.

Alumno: Parece extraño, por decir lo menos, que cada uno de nosotros debe aprender a encontrar su propia vida más plena a su manera. ¿Por qué Dios no impuso a su idea (el ser humano) la comprensión desde el nacimiento de que la vida es alegría, y la alegría es libertad, etc.?

Maestro: Por favor, piensa un momento. ¿Habría alguna libertad, cualquier libertad, en esa clase de persona? Un individuo así sería un simple autómata, sin ningún sentido de libertad. ¡Dios no permita que ninguno de nosotros, sus hijos, nos convirtamos en robots!

Alumno: Me parece que la mayoría de la gente siente que la vida está compuesta enteramente por una ronda constante de actividades prosaicas y rutinarias que estamos obligados a seguir: Vamos a la tienda o a la oficina. Nos afanamos y nos esclavizamos, y volvemos a casa agotados y malhumorados. Dormimos, tal vez, y nos levantamos para repetirlo todo de nuevo durante años hasta que, por la misericordia de Dios, morimos. No puede haber verdadera alegría en ese tipo de vida; pero para la mayoría de la humanidad eso es todo. Pero eso no es todo, ¿verdad?

Maestro: Ciertamente, eso no es todo, ni siquiera para las personas más oscuras y limitadas. Por muy oscura, espiritual y materialmente que sea una persona, en el fondo de su alma existe la convicción de que la Vida tiene sus deseos cumplidos de alguna manera, en algún lugar, en algún momento. También siente que, si supiera cómo, podría encontrar el camino. Algunos piensan que la verdadera alegría de la libertad solo puede venir después de despojarse del cuerpo al morir. Sin embargo, este no es el caso, todo lo que la vida (Dios) tiene para dar está aquí en medio de nosotros, ahora mismo. A medida que los humanos avanzamos en el conocimiento, ya sea por el estudio o la experiencia, o ambos, superamos una ley de limitación tras otra al encontrar la ley superior y más amplia, de la que todas las leyes inferiores no son más que expresiones parciales. Al final vemos claramente ante nosotros, como nuestra meta última, esta Verdad: "Nada menos que la perfecta ley de la libertad —no la libertad sin ley, que es anarquía— sino la libertad según la ley". Cuando la persona aprenda la ley de su propio Ser, la especializará en todos sus caminos y habrá encontrado su verdadero lugar. Así dará forma a todos los deseos de su corazón; entonces conocerá el verdadero arte de vivir.

Alumno: ¿Puede alguien aprender de la Vida, ya sea por estudio o por experiencia, que la energía creativa, con *todo* lo que tiene para dar, es una cualidad de la vida siempre presente y responsiva? Entonces, ¿puede uno realmente materializar, realmente traer a la forma externa, sus deseos más secretos y sagrados? Eso sería el arte de vivir con seguridad.

Maestro: La ley de la vida es inmutable para siempre. Continuamente te está llamando con estas palabras, o con otras parecidas: "Ven a mí. Aprende sobre mí. A través de mí todas las cosas son posibles para ti, porque nosotros, tú y yo, somos eternamente uno. Yo soy la vida. Yo soy creativo; Yo siempre soy receptivo a los pensamientos y emociones con los que me impresionas. Yo soy mente. La ley de la mente es mi ley. Porque esto es verdad, también es verdad que "como piensas en tu corazón, así eres". El pensamiento da forma a la vida no formada.

Alumno: Esto es espléndido. Pero, nuevamente, se está volviendo "pesado". ¿Podríamos tener otra ilustración personal de la adaptación de este principio a la vida cotidiana tal como la vive la gente? Esto ayudará, estoy seguro.

Maestro: De acuerdo; siempre me complace acceder a
este tipo de peticiones si realmente te ayudan. Una vez
conocí a un dentista, un muy buen dentista y un buen
hombre. Un día me confesó que la música era su vida y
no la prosaica odontología. Dijo que estaba cansado de
estar "metido en la boca todo el tiempo". Entonces, le
pregunté:
—"¿Sientes que no estás en el lugar correcto?"
—"Sé que no lo estoy" —respondió.
— "¿Por qué no estás en tu lugar correcto?"
— "Porque la música no me dará suficiente dinero para
mantener a mi familia con la adecuada comodidad. Creo
que el matrimonio y la familia son una de las mayores
alegrías y bendiciones de la vida. Pero la música es como
la política; hay que tener mucho 'arrastre' para entrar en
los pocos lugares que realmente pagan por un buen
violinista".
—"¿Estás seguro de eso?"
— ¡Sí, segurísimo!
—"Bien, señor dentista —le dije— conozco a un Dios
que es todo-inteligencia, omnipotente, omnipresente,
siempre receptivo y siempre creativo. También es el más
grande de los artistas maestros, el verdadero maestro. Él
vive siempre en lo profundo de tu propia alma. Si intentas
entrar en él allí, si estableces la armonía allí, y conoces y
comprendes la belleza que tu música debe expresar allí, y
si solo te contentas con la perfección allí y en tu música,
sé que puedes cosechar toda la recompensa que alguien

pueda desear en la música, al igual que en cualquier otra profesión, arte o negocio".

—"Tus palabras hacen que mis esperanzas se disparen — señaló— Pero, ¿cómo puede alguien como yo, alguien que sabe muy poco acerca de Dios, ponerse en contacto con él?"

—"Dirígete hacia tu interior. Atraviesa, o pasa por debajo, de las confusas, desconcertantes y desalentadoras experiencias pasadas. Vive plenamente y disfruta solo del lado armonioso de tu naturaleza, que es sabio, bello y poderosísimo en todos los sentidos. Luego practica, practica, practica poniendo esa belleza y armonía interior en vibración, a través de las cuerdas de tu violín".

—"Pero soy demasiado viejo para tomar esto ahora".

—"En absoluto". Amando la música, como lo haces, has seguido practicando, ¿no es así? Entonces, prueba lo que te he dicho. Pruébalo con fe y amor en tu corazón. Mantenlos allí con una determinación y un valor que simplemente no se rendirán".

El dentista siguió encontrando excusas, muchas de ellas, como hace tanta gente, por desgracia. No tenía tiempo, ni ganas, después de largas y duras jornadas en la consulta. Debía dedicar algo de tiempo a su familia, debía tener algo de recreación, etc. Pero no lo escuché. Yo seguía cantando para él palabras luminosas, incitándolo a esforzarse, infundiéndole valor. Cuando dejó de buscar excusas y parecía realmente interesado, me preguntó cuál era el método exacto que debía utilizar. Le dije los siguientes pasos:

(1) En primer lugar, debía convencerse de que su amor por la música, su profunda pasión por la expresión de la armonía, no eran casualidad; debía saber que se trataba nada menos que de Dios mismo, que le instaba persistente e implacablemente a expresarse a través de él.

(2) Debería repasar cuidadosamente y repetirse a sí mismo la oración del Padre Nuestro, en silencio pero con mucho amor y sentimiento, no menos de dos veces al día, cada noche al acostarse y cada mañana al despertar.

(3) Debía visualizarse fielmente tocando, tocando, tocando, alegremente, armoniosamente, tocando con entusiasmo para un público numeroso y agradecido, recibiendo cheques realmente suculentos por sus conciertos, etc.

(4) Después de sus períodos de visualización, debía usar fielmente alguna afirmación que le resultara atractiva, que fortaleciera su fe cuando flaqueaba, que alimentara su elevada resolución, que avivara su ardiente impulso hasta convertirlo en una llama sagrada.

(5) Debía practicar, practicar, practicar y practicar su música, esforzándose siempre con toda su alma y su corazón por hacerlo mucho mejor en cada interpretación de lo que lo había hecho antes. En menos de un año, el dentista se convirtió en músico. Ganaba más con sus conciertos que con su trabajo de dentista. En otro medio año comenzó una gira nacional de conciertos que en pocos meses le dio lo suficiente para ir a Europa a estudiar durante dos años, y llevar allí a su familia. Desde entonces, profesionalmente solo se dedica a tocar el violín. Por supuesto, no ha acumulado una gran fortuna,

pero él y sus seres queridos tienen todas las cosas buenas de la vida que desean, y esto, combinado con un sentimiento permanente de felicidad, constituye la verdadera riqueza para cualquier persona.

Alumno: ¿Este mismo plan y los mismos pasos son aplicables a todos?

Maestro: Los mismos principios se aplican a todos. Evidentemente, el plan exacto, y los pasos que conducen a su cumplimiento, variarán un poco con cada caso específico. Pero no importa cuál sea tu gran deseo, el deseo más querido de tu Padre para ti es el cumplimiento absoluto de ese deseo por ti, por ti en asociación con él. Él siempre anhela darte todas y cada una de las cosas buenas. Su único propósito al crearte fue el de expresarse a través de ti. Precisamente por eso creó a las personas, y por eso vive en ellas y a través de ellas. Si queremos tener alguno de sus dones como propios, solo tenemos que elevar nuestra conciencia caída a esta santa creencia y luego trabajar con pura alegría y expectación hacia la hermosa visión que tenemos a la vista.

INTIMIDAD PERSONAL CON DIOS

Alumno: Por favor, dígame una manera definitiva de acercarme a Dios, de empujar el poco amor y comprensión que tengo hacia la Gran Unidad, hasta que mi limitada visión sea completamente absorbida por lo Ilimitado. ¿Haría esto por mí?

Maestro: Con mucho gusto. Ya que este es tu propio libro, puedes tomarte todo el tiempo que necesites, y con la frecuencia que prefieras, para estudiarlo, y luego estudiarlo aún más, y practicarlo hasta que lo hayas dominado realmente y lo hayas convertido en parte de tu propio ser. La mejor manera de sublimar completamente tu yo humano, tu yo sensorial con todas sus limitaciones, en el infinito, es establecer dentro de ti una intimidad personal con Dios.

Alumno: Pero, ¿es posible? ¿Quiere usted decir que podemos realmente estar en términos de intimidad personal con Dios, como con un amigo u otro ser querido? Tal cosa parece demasiado buena para ser verdad, demasiado extraña y misteriosa para creerla.

Maestro: Sí, es posible. De hecho, se hace en cada uno de nosotros, en todo momento, seamos o no conscientes de ello. Recuerda siempre que cada uno de nosotros fue creado por, y de la misma materia que, la Siempre Presente, Inteligente, Creativa Vida Misma. Cada uno de nosotros fue creado de ella misma; y cada uno de nosotros *es* ella misma, en una forma física. Siendo así, se deduce automáticamente que cada uno de nosotros está siempre en la más personal intimidad con Dios. Dios es nuestro creador, nuestra vida, nuestro cuerpo, nuestros pensamientos, nuestros deseos, nuestro todo.

Alumno: Entonces, ¿por qué hay problemas en este mundo? ¿Por qué el destino de cada persona no es la paz, la alegría y la perfección en todo momento?

Maestro: Esa pregunta la he respondido varias veces, de una forma u otra. Pero, una vez más, permíteme decir que todo depende de la conciencia de cada individuo. Nuestros pensamientos nos hacen lo que somos. Toda la forma de nuestras vidas, y de lo que llamamos "condiciones", toman su forma de nuestros pensamientos y sentimientos más habituales. No pierdas nunca de vista este hecho de extraordinaria importancia. El Poder Creativo Originario no tiene forma, en relación con tu vida individual, hasta que fluye a través de tu pensamiento. A través de nuestra constante conciencia de la verdad, de que Dios reside siempre en nosotros, que fluye siempre a través de nosotros como pensamiento, nos liberamos de los viejos y limitados hábitos de juzgarlo todo desde las apariencias externas, o desde la conciencia de los sentidos solamente.

Alumno: Pero aún no veo cómo esta conciencia cambiará toda la vida de la oscuridad a la luz. ¿Cómo lo hará?

Maestro: Si eres constantemente consciente del hecho de que realmente eres Dios mismo en miniatura, que estás siempre en términos de intimidad personal con él como con tu propio ser, entonces ya no tendrás pensamientos que sean diferentes a él. No tendrás pensamientos de limitación de ninguna naturaleza; no juzgarás nada ni a nadie desde el punto de vista de la conciencia sensorial. Y cuando hayas cambiado tus pensamientos y sentimientos hasta el punto de pensar habitualmente solo desde el lado espiritual de las cosas, descubrirás fácilmente que conocer realmente a Dios es ser Dios. Entonces, de hecho, estarás en constante intimidad personal con Dios; y dejarás muy atrás los lúgubres pantanos del fracaso, la carencia, la enfermedad, la soledad y la desesperación. Emergerás a los verdes pastos del cumplimiento de cada uno de tus atesorados deseos, y permanecerás seguro en ellos. Persiste, persiste y persiste, una vez más, en tu firme reconocimiento de la verdad de que el propósito real de la Divinidad al haberte proyectado a la existencia desde su propio seno fue este, y solo este: Poder fluir continuamente a través de ti como conciencia, y poder especializarse siempre en ti como salud, riqueza, paz y alegría. A través de esta realización elevas tu pensamiento y sentimiento por encima de las limitaciones, y esta es la solución a cada problema. Sí, a través de la puerta radiante de la intimidad personal con Dios, entramos en un mundo nuevo en el que todo es vida y libertad. Verdaderamente, Dios es un poder creativo, amoroso, receptivo, siempre presente en todas partes todo el tiempo.

Alumno: Ya que a menudo nos alienta a utilizar la Biblia como un estándar y una guía, ¿podría indicarnos un lugar de la Biblia en el que se nos den medios para establecer esta intimidad personal consciente con Dios?

Maestro: Por supuesto. La Biblia está repleta de ilustraciones de este mismo principio. Por ejemplo, vamos a San Mateo, capítulo 22, versículos 36, 37, 38, 39 y 40; y observemos lo que Jesús, el más grandioso de todos los Grandes Maestros, dice allí. Vamos a estudiarlo y analizarlo cuidadosamente. Aquí está:

(a) Versículo 36: "Maestro, ¿cuál es el gran mandamiento en la Ley?"

Esta pregunta, hecha a Jesús por el intérprete de la ley, fue de vital importancia; y en la respuesta que dio Jesús está la llave de oro que millones desean. Observa la respuesta a continuación:

(b) Versículos 37 y 38: "Jesús le dijo: Amarás al Señor tu Dios con todo tu corazón, y con toda tu alma, y con toda tu mente. Este es el primero y el más importante de los mandamientos".

Observa con mucha atención y reflexiona profundamente, los tres pasos que se unen en uno a través de su uso de la palabra "amor". El corazón, el alma y la mente constituyen todo el ser espiritual. Por lo tanto, si realmente amamos a Dios con todo nuestro corazón, alma y mente, de hecho, lo estamos amando con todo nuestro ser, ¿no es verdad? De hecho, así es. Aquí tenemos la manera propia de Jesús, su propio método, para establecer dentro de sí una intimidad personal con Dios.

(c) Los versículos 39 y 40 dicen así: "Y el segundo (mandamiento) es semejante a este (como el primero): Amarás a tu prójimo como a ti mismo. De estos dos mandamientos dependen toda la ley y los profetas".

Por favor, observa aquí la tremenda importancia que Jesús otorga a amar a nuestro prójimo como a nosotros mismos. Hay muchos que dicen cumplir este mandamiento Divino, y que profesan que realmente aman a su prójimo como a sí mismos. Sin embargo, cuando llega la prueba crucial de dividir sus posesiones en amor con un prójimo menos afortunado, o de llegar a cualquier extremo de "molestia" por él, sus protestas de amor por el prójimo con demasiada frecuencia resultan ser solo simples palabras, superficiales y vacías y vanas. Así que recuerda esto: en las palabras, sin hechos que las respalden, no hay virtud. Es un hecho que nuestro prójimo (cada uno de ellos) es tan valioso a la vista de Dios como lo somos nosotros; en verdad, nuestros prójimos son una parte integral de nosotros mismos, en otras formas. También es un hecho que no podemos realmente amar a Dios, a menos que amemos a nuestro prójimo; y es una verdad aún mayor que si amamos a nuestro prójimo como nos amamos a nosotros mismos, estamos amando a Dios. Dios es Uno. Sin embargo, la mayoría de nosotros cometemos el trágico error de pensar que Dios es muchos, que nuestro prójimo es una persona y nosotros otra, etc. Pero la realidad divina es que todas las personas (sí, hasta el último de los millones y millones que hay en la tierra) son un solo cuerpo unificado para siempre en Dios. Siendo así, es imposible que ayudemos al prójimo (que es nuestro ser) sin ayudarnos también a nosotros mismos. Tampoco podemos criticar, condenar o herir al prójimo (que es nuestro ser) sin hacernos más daño a nosotros mismos que el que le hacemos al prójimo. En la intimidad personal con Dios, en realidad no hay "prójimo" ni "yo", como dos personas separadas y distintas entre sí, sino que cada uno de nosotros es también todas las demás personas, y todas las demás personas son nuestro propio yo. Cuando los habitantes de la tierra aprendan esta importante lección que Jesús enseñó, y cuando todas las personas sean obedientes a esta ley, entonces tendremos el Milenio aquí entre nosotros, entonces todos seremos verdaderos ángeles del único cuerpo divino.

Alumno: Es una ilustración hermosa y poderosa. Además de estudiarla y pensar en ella, ¿qué más debemos hacer al respecto?

Maestro: Lo más importante de todo es practicarlo, vivirlo De lo contrario, no tiene ninguna virtud. Si puedes aceptar estas palabras de Jesús como Verdad, y luego unirte a ellas en tus pensamientos, sentimientos y acciones, entonces todo tu ser será alimentado con el Maná espiritual. El Espíritu te dará constantes sugerencias sobre los métodos más sabios y fructíferos de vivir tu propia vida personal en verdadera unidad con Dios.

Alumno: ¿Y esto no desarrollará aún más en nosotros esa gran esencia a la que dio tanta importancia en la primera lección, esto es, una buena disposición?

Maestro: En efecto, así será. Ninguna época en toda la historia ha necesitado tanto aprender y practicar esta gran lección de crecimiento, desarrollo y verdadero enriquecimiento como la gente de hoy. Muchos leen la verdad, pero pocos lo asimilan. Muchos oyen la verdad, pero pocos le prestan atención. Muchos conocen la verdad; pero pocos la practican. Es exactamente por eso que hay un verdadero maestro solo a largos y raros intervalos. El camino de la maestría es realmente fácil, sin embargo, tan contrario a la conciencia sensorial (de la que nace todo egoísmo), que pocos tienen el coraje, la fe, la resistencia espiritual y el amor, para probarlo con seriedad o para adherirse a él, en medio de la confusión externa, hasta que haya sido probado.

Alumno: ¿Existe algún otro método que pueda ayudarnos a comprender aún mejor esta gran ley? ¿Existe algún atajo? ¿En el estudio quiero decir, no en la práctica de la misma?

Maestro: Sí, hay atajos por los que una persona realmente observadora e inteligente puede encontrar esta ley realmente manifestada en hermosa armonía, y de la cual los humanos podemos aprender mucho, si queremos. Quizás el mejor de estos atajos hacia la iluminación es el que está más ampliamente distribuido, y al que hasta la última alma tiene acceso de una forma u otra, y con muy pocos "problemas", si sinceramente desea buscarlo. Me refiero a la naturaleza, por supuesto. Toda la naturaleza muestra la gloria de vivir en constante intimidad personal con Dios. A modo de ejemplo de lo que quiero decir, estudiemos brevemente las cuatro estaciones del año, y la reacción de la naturaleza a cada una de ellas. En toda la naturaleza, la primavera es el período de la inmortalidad expresada de nuevo, y en maravilloso esplendor. Es la estación del florecimiento, del apareamiento, de la generación y de la regeneración, todas las cuales se encuentran entre las funciones más sagradas de la naturaleza. Y observa bien cómo todos los hijos de la madre naturaleza son siempre obedientes al impulso de la primavera, al sublime canto del Espíritu. Solo los seres humanos son rebeldes a las santas órdenes del Espíritu; y parece bastante obvio que solo los seres humanos pecan. ¿Cuánto tiempo pasará antes de que los humanos despertemos a la verdadera gloria que es nuestro derecho divino?

En el reino de la naturaleza, el verano es el tiempo en que los frutos se forman, se desarrollan y maduran en cumplimiento de la ley del Espíritu. Es la estación en que las semillas se forman dentro de los frutos para que, con la llegada de otra primavera, toda la naturaleza pueda obedecer de nuevo el gran mandato que se encuentra tan a menudo en el relato de la Creación en el Génesis, a saber: "Sean fecundos y multiplíquense, llenen la tierra y sométanla".

Con el otoño llega la preciosa cosecha, el tiempo cuando la radiante promesa que se dio en primavera se cumple en forma. Del mismo modo, cada promesa que nos hace el Espíritu seguramente se manifestará en forma en nuestras vidas, y con una cosecha muy abundante, si tan solo aprendemos a obedecer al Espíritu sin cuestionar, como lo hacen los hermosos hijos de la naturaleza, y dejamos de lado nuestra insensata rebelión, que es la única fuente de todas nuestras aflicciones.

Luego sigue el invierno y la naturaleza descansa de sus labores de la primavera, el verano y el otoño, así como también nosotros debemos tener nuestros períodos de descanso. Sin embargo, el invierno no es envejecimiento, decadencia ni muerte, no en la naturaleza. Únicamente es la estación del descanso, del sueño. Pero si quieres pensar que el invierno es el símbolo de la "muerte", como algunos insisten en hacer, coincidiré contigo durante un minuto, con el único propósito de señalar la falacia de la muerte, o de la creencia en la muerte, tal y como se revela claramente en la naturaleza. En invierno, la Naturaleza parece muerta. ¿Pero está muerta? En absoluto. Con los primeros días cálidos de la primavera, la vida que ha estado simplemente somnolienta en la naturaleza (pero que no ha perecido porque no puede perecer, nunca) responde de nuevo. Los capullos, animados de nuevo por la vitalidad del Espíritu, se hinchan y estallan; y las hojas y las flores que estaban ocultas a la vista (sin embargo, estaban allí) salen armoniosa y alegremente en su belleza y gloria para expresar la inmortalidad. Como hace la Naturaleza, así puede hacer también el individuo, si lo desea. Si quieres conocer la verdadera iluminación y el poder y la gloria que nacen de ella, anda a la naturaleza. Estudia sus caminos y sé sabio. Estudia sus caminos y vive de verdad.

INDIVIDUALIDAD

¿Cuál es la verdad sobre el individuo y su
individualidad?

Maestro: ¿Alguna vez has pensado sobre cómo llegaste a
existir? ¿Estás convencido de que existió, y existe, un
propósito definido en la Mente Divina para explicar tu
presencia aquí en la tierra? ¿O piensas que tú mismo creas
el propósito de tu vida, independientemente de todos los
demás factores, después de llegar a este mundo?

Alumno: Me hace preguntas que apenas sé cómo
responder. Quizás estas preguntas han despertado en mí
un leve y breve interés en el pasado, pero nunca he
reflexionado profundamente sobre ellas. He dejado vagar
mi mente en lo que se refiere a estos puntos. En ocasiones
he pensado que la Mente Paterna Creadora tiene un
propósito definido para que yo esté aquí y, siendo así, es

inútil que intente cambiar las cosas. Pero entonces me daba cuenta de que esta concepción de las cosas significaría la "predestinación" de los fundamentalistas. Así que cambiaba de opinión y decidía que yo debía tener algo que ver en la determinación de mi progreso mental y espiritual. ¿Es esto correcto?

Maestro: Efectivamente, tienes participación en tu autodesarrollo. Tú tienes una gran parte en ello. La vida que eres tú como individuo vino directamente del Gran Todo de Vida Inteligente (Dios), de su propio centro-corazón sagrado. Tu vida es el regalo que el Espíritu te hace de sí mismo. En segundo lugar, la Divinidad tenía un propósito específico al haberte hecho, a saber: A fin de tener una nueva forma, un nuevo centro, a través del cual poder operar como pensamiento y sentimiento, y a través del cual poder gozar aún más plenamente de sí mismo de una manera particular. Este también es el regalo que el Espíritu te hace de sí mismo. Pero la manera en que tú, como individuo, utilizas estos santos regalos se deja enteramente en tus manos, sin interferencia del Espíritu. Se te dieron otros dones sagrados; se te dio iniciativa y selección; se te dio absoluta libertad de elección. La distancia que recorras hacia la meta de la perfección espiritual en esta vida terrenal depende exclusivamente de ti, así como el grado de rapidez con que puedas crecer mentalmente depende enteramente de ti.

Alumno: Pero ¿no se nos dan ciertos impulsos divinos o anhelos en todas las etapas de nuestra vida que nos ayudarán a saber el camino correcto a seguir? ¿No se nos dan estos ciertos deseos, o impulsos, o estímulos?

Maestro: Ciertamente. Y a menos que uno siga estos impulsos Divinos, nunca está realmente satisfecho, siempre está inquieto, siempre siente que le falta algo esencial, que se escapa su lugar correcto. Tu individualidad es un complemento exacto del Gran Todo, es una acción especializada de toda la vida. La única diferencia en la vida, el amor, la belleza o el poder de lo universal (Dios) y lo individual (ser humano), tal como se expresan a través de lo universal y lo individual, es una diferencia de grado. La cualidad de los dos (que en realidad son uno) es exactamente la misma. El mismo Creador que creó y dirige todo el universo, también te creó y te dirigirá a ti, si se lo permites, porque él mismo vive en ti como tu vida. Su infinito poder creativo y su amor inteligente son los mismos en ti que en todas las demás cosas creadas. Por lo tanto, no es solo sentimentalismo, decir, sentir y saber, como lo hizo Jesús: "El Padre (Dios) y yo somos Uno, el Padre en mí, él hace las obras". Si tan solo desarrolláramos un reconocimiento constante de esta verdad tan profunda, entonces tendríamos realmente un sentido permanente de libertad, de libertad en unión, de libertad en unión consciente con toda la vida. Esto no es simplemente una rapsodia hermosa, pero fantasiosa, es una simple declaración de un hecho, el más poderoso e iluminador.

Alumno: Entonces, ¿tengo razón al creer que si realmente pudiera tener una convicción inquebrantable de que Dios está siempre presente en mí, y que todo su poder creativo es mío para utilizarlo a mi propia voluntad y placer, podría lograr cualquier cosa y todo lo que pudiera desear, y podría ser y tener cualquier cosa que anhelara?

Maestro: Sí, tienes razón. El poder creativo de Dios en nosotros no está formado, con respecto a lo que podamos desear lograr, hasta que nosotros mismos le demos una dirección definida con nuestro pensamiento y sentimiento. Recuerda que siempre responde a todos y cada uno de nuestros pensamientos y sentimientos. Siendo esto cierto, cualquier persona puede ser, hacer y tener todo lo que desee, por supuesto, si trabaja activamente en la dirección correspondiente. Es lógico, es el más puro evangelio, que no hay otro camino que el verdadero propósito de la vida en nosotros está buscando siempre, expresarse a través de nosotros como libertad. Insisto en que recuerdes siempre que nuestros pensamientos y sentimientos se convierten en cosas, y que determinan la forma que toma la sustancia no formada del Espíritu en su expresión viva en nuestras vidas individuales. Como dice Troward, es como el agua que fluye a través de una tubería; el agua siempre adopta la forma y el tamaño de la tubería a través de la cual se envía. Es como la electricidad que usamos, la cual siempre se manifiesta en correspondencia exacta con el tipo de instrumento a través del cual actúa. En la ampolleta, la electricidad se convierte en luz; en el timbre, hace sonar la campana; en el refrigerador, genera frío; en la estufa, se convierte en calor. En todos los casos es la misma electricidad, el mismo poder; y el instrumento a través del cual pasa determina lo que es el poder y lo que hace. Una vez que realmente comprendemos el verdadero significado de los principios del Espíritu, se comprende plenamente que nosotros, como individuos, somos enviados desde el mismo corazón de Dios, para que seamos y nos convirtamos en centros nuevos y perfectos, a través de los cuales él pueda actuar con alegría, con una dicha cada vez mayor. Esta, y solo esta, es la voluntad de Dios para nosotros. Sí, la exaltada misión de cada uno de nosotros es que podamos ser nuevos instrumentos para la expresión divina. Si queremos llegar a serlo, y hacemos el esfuerzo mental y físico necesario para realizar esta verdad, entonces sabremos que estamos ocupando el lugar que nos corresponde en la vida. Experimentaremos una felicidad verdadera y duradera, porque estaremos haciendo las cosas que más nos gusta hacer. También habrá un sentido de crecimiento siempre presente en nuestra vida. Solo unos pocos individuos han alcanzado esta altura empírea de conciencia mientras están en el plano terrenal; pero es posible para todos. Debido a que tan pocos alcanzan este nivel exaltado, la mayoría de la gente tiene una mísera existencia, llena de problemas aparentemente continuos y desconcertantes de un tipo u otro.

Alumno: Me parece que aquí hay mucha más gente infeliz que feliz. Muchos de mis amigos cercanos se sienten inadaptados en la vida, no creo que conozca a una sola persona, incluyéndome a mí, que sea perfectamente feliz. Si alguien tiene salud, entonces puede tener problemas económicos. Si no tiene preocupaciones económicas, y no tiene verdaderos problemas físicos, entonces tiene desavenencias familiares. Y así sucesivamente, hasta que uno se pregunta si existe la felicidad completa en esta fase de la existencia.

Maestro: Es cierto; y la verdadera razón de todo este malestar es la siguiente: Estos individuos no han reconocido que sus pensamientos y sentimientos son los únicos instrumentos por los cuales la Energía Todo-Creativa puede manifestarse en sus vidas. De nada sirve culpar a la Providencia, o a otras personas, de sus problemas. No importa qué forma tomen las condiciones caóticas en tu vida, tú eres el único responsable de ellas; y tú eres el único que puede rectificarlas mediante el uso de tu inseparable contacto con Dios. Una vez que el individuo aprende, a través del estudio y la práctica, o a través de la experiencia, a permitir que la voluntad de Dios (que siempre es buena) tenga libre acción en él y a través de él, entonces se acaba la esclavitud a las condiciones.

Alumno: Puedo preguntar una vez más, ¿cómo puede hacer esto cada uno de nosotros?

Maestro: Te he dado la respuesta varias veces en este libro, pero vale la pena repetirla en una forma un poco diferente, porque es un punto muy importante. Aquí está la respuesta una vez más:

(1) Mentalmente, entra en lo más profundo de tu ser, tu propia Divinidad interna, y pregúntate a ti mismo: "¿Qué significa realmente Dios para mí?" "¿Cómo debe ser la Naturaleza Divina en mí?"

(2) Una vez que hayas formado una conclusión definitiva y positiva sobre estos puntos, intenta reproducir este mismo sentimiento en todo tu ser. Sigue intentándolo y lo conseguirás. Vale la pena el esfuerzo requerido, un millón de veces.

(3) No te desanimes con esta práctica si parece que no obtienes resultados inmediatos. Recuerda siempre que Troward dice que "es la intención lo que cuenta; es la intención lo que se registra en el disco reproductor de la vida creativa".

(4) Otra ayuda poderosa, al menos para mí, es utilizar diligentemente esa afirmación de Troward que comienza: "Mi mente es un centro de operación Divina", etc. (Leer "Tu Poder Invisible" o "Las Conferencias Doré" de Thomas Troward). El Padrenuestro también es una excelente ayuda, como ya he señalado antes.

(5) Intenta, intenta, intenta, con todo tu propósito concentrado, vivir cada hora en el sentimiento de la afirmación o la oración. No te dejes llevar por lo que puedes llamar "impaciencia justificada" porque no existe tal cosa. La ira, o los celos, o el miedo, y todas esas cosas, también te harán resbalar, porque esas cosas son diferentes de tu idea de Dios o del pensamiento de Dios.

Alumno: ¡Eso es muy difícil!

Maestro: No lo es cuando te das cuenta constantemente de que lo que cuenta es la intención. Cuanto más mantengas tu intención correcta, con menos frecuencia resbalarás en tu práctica de estos principios; y pronto toda tu vida se habrá modificado hasta que sea como tu propia concepción de Dios.

Alumno: Muchas personas que parecen tener una muy buena idea sobre la Ciencia Cristiana, la Ciencia Divina, Unity, etc., se esfuerzan mucho por conseguir más dinero, mejor salud, una posición social más elevada. Sin embargo, no parecen llegar lejos. ¿Por qué?

Maestro: Sean o no conscientes de ello, miran al exterior como la fuente de la que les vendrán estas cosas. Pero el origen de todas las cosas buenas está dentro. Todo lo bueno está dentro de tu propia corriente de vida; y esto debe ser reconocido. Nuestro reconocimiento de lo interior, lo espiritual, como la verdadera fuente de todas las cosas buenas, les dará forma en el mundo exterior o físico en el que vivimos. Una vez que se hace el contacto en el interior y se mantiene fielmente, las cosas sucederán automáticamente en el exterior. Todo el secreto es este: Debemos saber exactamente quiénes somos, qué somos y por qué somos. Sabiendo esto, nuestro contacto con la fuente de todo bien nunca se interrumpe. Nuestra tarea es ocuparnos de las cosas internas; y si lo hacemos, las cosas externas se ocuparán de sí mismas, entonces avanzaremos feliz, armoniosa y tranquilamente, cumpliendo todas y cada una de las cosas buenas que podamos desear.

OBSERVACIONES SOBRE EL ÉXITO

Maestro: Nadie alcanza el verdadero éxito sin esfuerzo personal. Se necesita todo lo que uno tiene para alcanzar el éxito real y mantenerlo, sin embargo, por la misma ley, cada persona tiene todo lo que se necesita. Si estamos dispuestos a alcanzar el éxito y a utilizar todas nuestras facultades con ese fin, el éxito constante y sin reservas será nuestro. Se dice que Napoleón nunca cometió un error en una victoria. Siempre ganaba sus batallas en su mente antes de ganarlas en el campo de batalla. Esto es exactamente lo que hacen todas las personas exitosas.

Alumno: ¿Cuál es el primer paso en el camino hacia el éxito?

Maestro: El primer paso es decidir definitiva y positivamente qué forma de éxito deseas. Por ejemplo, Henry Ford deseaba con toda su alma y su corazón fabricar mejores automóviles y más baratos, automóviles que estuvieran al alcance financiero de todas las personas. Thomas A. Edison deseaba proporcionar diversos aparatos eléctricos eficientes a precios moderados para la conveniencia y comodidad del mundo. Jesucristo tenía un excepcional deseo siempre presente en su conciencia: Mostrar el camino para que cada ser humano encontrara el Principio-Padre dentro de sí mismo, mostrar a todos cómo encontrar, conocer y confiar en ese Poder Divino Infinito que realmente protege a todos, guía a todos, provee para todos. Cada uno de estos hombres tenía un impulso divino que ardía en su interior, una pasión desbordante por hacer una cosa mejor de lo que se había hecho antes. Como sabían exactamente lo que más deseaban hacer, lo hicieron.

Alumno: Si uno no sabe exactamente qué línea de trabajo seguir, ¿qué es lo que hay que buscar para determinar qué es lo mejor que se puede hacer?

Maestro: Aquí hay otro elemento esencial para el éxito; esto te dará la clave. Cuanto más bien pueda hacer una persona a los demás con su producto, su vida, su trabajo, o lo que sea, mayor éxito tendrá. Nadie ha tenido nunca un gran éxito cuyo motivo dominante haya sido únicamente el beneficio personal. Si uno realmente ayuda a otros, a muchos otros, a vivir vidas más felices, mejores, más exitosas, no necesita pensar mucho en la ganancia que acompañará al éxito; porque si uno hace esto, la ganancia para uno mismo no puede ser retenida. El principal motivo para alcanzar el éxito no es ver cuánto puede ayudarse a sí mismo, sino ver en qué medida puede ayudar a muchos otros.

Alumno: Estos dos pasos me resultan muy útiles. Pero, antes de dar otros pasos, ¿puedo preguntar qué obstáculos debo tener más en cuenta cuando empiezo el camino?

Maestro: Aquí están dos de los obstáculos más comunes:

(1) Nunca ha llegado el éxito, y nunca llegará, a ninguna persona que simplemente lo desee. Los simples deseos son inactivos y totalmente impotentes, a menos que el deseo sea lo suficientemente grande como para inspirar una acción inmediata. Sí, la acción, no los deseos, es lo más importante.

(2) Mantener tu mente centrada en el gran éxito que "tendrás" nunca lo hará realidad. Debes sentirte exitoso ahora. Mientras uno vea el éxito como una adquisición futura, el éxito se pospondrá y su consecución seguirá siendo futura. Desde el principio uno debe aprender a respaldar el pensamiento con el sentimiento, la convicción absoluta de que soy exitoso ahora.

Alumno: Perfecto. Ahora estoy preparado para dar otro paso adelante.

Maestro: Puesto que ahora has resuelto firmemente dedicarte a adquirir el verdadero éxito de acuerdo con las leyes inmutables de la vida, debes emplear toda tu energía en hacer de tu mente un centro solo para pensamientos positivos, solo para pensamientos constructivos. Cuida deliberadamente las palabras que utilizas. Cuida deliberadamente tu reacción mental a las palabras que escuchas. Por ejemplo, si oyes a la gente hablar de un tornado, no debes dejar que tus pensamientos se centren en la destrucción, sino en el tremendo poder utilizado positivamente. Si oyes a la gente hablar de enfermedad, debes saber interiormente que aunque la enfermedad es un resultado natural de leyes naturales que se han quebrantado, no es necesariamente mala, y que en la vida, como vida, todo es bueno y perfecto. En una palabra, será necesario que evites todos los atajos o desvíos, aunque parezcan fáciles y cortos.

Alumno: ¿Cuáles son algunos de estos desvíos? ¿Cómo se señalarán?

Maestro: Todos ellos deberían estar marcados con muchos faroles rojos, porque ciertamente son peligrosos para quien busca el éxito. He aquí algunos de ellos que reconocerás como preguntas que tú mismo te has hecho, al igual que millones de otros buscadores de la verdad, que se preguntan por qué el éxito siempre les elude. Esas preguntas son:

(1) Bueno, ¿por qué no viene?

(2) ¿Cuándo llegará?

(3) Quizás esta sea la forma en que vendrá.

(4) Tal vez no sea la voluntad de Dios que yo tenga esto.

El éxito no llega para el que pregunta: "Bueno, ¿por qué no llega?", simplemente porque está preguntando por qué, en lugar de saber que ahora es así. Para el que se queja: "¿Cuándo vendrá?" nunca lo hará, mientras siga preguntando ¿cuándo? Lo que desean ahora es o nunca será. Y en cuanto a la "voluntad de Dios" para con nosotros su voluntad es todo lo bueno que podamos desear.

Alumno: ¿Por qué si deseamos el éxito solo para nosotros mismos, para nuestro beneficio personal, no podremos obtenerlo?

Maestro: He aquí un ejemplo. Supongamos que vas a tu banquero personal y le pides un préstamo de cien mil dólares, sabiendo que tiene esa cantidad y más para prestar y que tu valor justifica un préstamo de esa cantidad. Sin duda, su primera pregunta sería la que los banqueros siempre hacen a cualquiera que solicite un préstamo, esta es: "¿Para qué quiere el dinero?" Supongamos que tú respondes: —"Oh, quiero tomarme un año de crucero en mi yate, sin hacer nada, solo holgazanear, descansar, dormir, comer. Necesito un cambio".

¿Crees que te daría el dinero? ¡No, por ningún motivo! Tampoco lo hará el gran banquero universal (Dios) en circunstancias similares. Debes acercarte a él con una idea realmente buena, que traiga el bien a muchos, no solo a ti mismo. Conozco a personas que tienen millones y que empezaron sin dinero, que empezaron solo con una idea. Sus ideas básicas eran tan universales hacia la producción del bien que fueron capaces de asegurar de otros todo el dinero necesario para financiar el comienzo de sus empresas. El gran secreto del éxito individual es el mismo que el del éxito nacional que ha hecho de América el país más rico de la tierra: Nuestros hombres de negocios, de mayor éxito, han aprendido a compartir con todo nuestro pueblo, beneficiando a todas las personas, ya sea directa o indirectamente, distribuyendo productos de mayor calidad a menor costo, compartiendo las ganancias más generosamente con los empleados, etc. Han aprendido que esta es una ciencia absoluta: dar y compartir con muchos siempre tiene como un correlativo natural, el obtener. Crea un pensamiento correcto; capta una idea que resulte útil para muchos; luego recurre con confianza al banquero ilimitado para todo lo que necesites. Descubrirás que no puedes evitar que el dinero gravite hacia ti. Aquí reside el éxito seguro y continuo.

Alumno: En conclusión, ¿podemos tener aquí lo esencial de todo este asunto del verdadero éxito, en forma resumida? Esto nos ayudará a nosotros que somos estudiantes.

Maestro: Por supuesto que sí. Se puede decir que los pasos hacia el éxito son siete en número; y aquí están:

(1) Decide exactamente qué es lo que más deseas en este momento.

(2) Asegúrate de que tu deseo contenga el elemento del bien para muchos. Luego pídele a tu alma más íntima la

idea o ideas más perfectas, relativas a tu deseo, ideas que producirán el bien para muchos.

(3) Haz una imagen mental de tu deseo como manifestado ahora, haciendo que la imagen mental sea completa, vívida, viva de sentimiento. Este es el significado de la gran afirmación de Jesús de "pedir creyendo que ya lo tienes (ahora)". En la imagen mental realmente ya tienes (mentalmente, que es el reino de toda causalidad verdadera) tu deseo en este momento. Una vez que realmente sientas que lo que deseas ya es tuyo (mentalmente), pronto te darás cuenta de lo rápido que se convierte en realidad. Mantén fuera de tu mente todos los habituales pensamientos de miedo. Sabiendo que los hábitos de miedo pueden cambiarse fácilmente en hábitos de fe. El miedo y la fe son lo mismo, uno es un extremo de la barra y el otro es el otro extremo de la misma barra. El extremo del miedo es una pala y seguramente cavará la tumba del éxito; el extremo de la fe es una corona enjoyada lista para adornar la cabeza de cualquiera que la use.

(4) Si es necesario, esfuérzate por creer implícitamente que el mismo Poder que te dio tu deseo en un principio, también te dará las formas y los medios de su triunfante cumplimiento.

(5) Medita cuidadosamente a intervalos frecuentes sobre el verdadero propósito de tu deseo. Este verdadero propósito del deseo es el importante prototipo espiritual de lo que quieres. También reza cuidadosamente el Padrenuestro, varias veces al día, te ayudará mucho a

meditar más profundamente y sintonizará tu mente con el Poder (Dios).

(6) Cada noche antes de irte a dormir, y cada mañana al despertar, haz el voto solemne de vivir cerca de Dios cada hora consciente; ver solo lo bueno en todo; mantener solo pensamientos buenos y constructivos hacia todo y todos.

(7) Con frecuencia, visualízate mentalmente disfrutando ya de tu deseo cumplido. Haz esto cada vez que pienses en el deseo; y especialmente por la noche y por la mañana, justo antes de dormir y de inmediato al despertar, ya que en estos períodos el elemento subconsciente de la mente es especialmente susceptible a las sugestiones.

De esta manera, ya tienes tu deseo perfectamente cumplido (mentalmente); y si persistes en ello, de seguro lo tendrás pronto en su forma física, justo en medio de tu vida. Por ejemplo, el gran puente 'Golden Gate' que ahora se extiende en San Francisco, fue primero imaginado en la mente de su diseñador como terminado y utilizado por muchas personas, antes de que se convirtiera en una realidad concreta. Al imaginar mentalmente que el puente ya estaba terminado y sirviendo a mucha gente, el diseñador atrajo del universo entero el poder necesario para que se construyera realmente.

Estos siete puntos son la clave, o pasos, para el logro del éxito real en cualquier línea de trabajo, anótalos bien y sobre todo úsalos. Son verdad. ¡Funcionan!

SANACIÓN INSTANTÁNEA (PARTE I)

Maestro: A quien ha hecho verdaderos progresos a lo largo del gran camino de la verdad de Dios le parece extraño ver cuántos mortales que están en el mismo viaje dan rodeos que son totalmente innecesarios, o incluso giran y van en dirección opuesta a la meta deseada. Por ejemplo, parece que casi todo el mundo está muy interesado en alguna enfermedad recién descubierta, o simplemente en la enfermedad como tal, mientras que deberíamos interesarnos por saber más de la salud perfecta y cómo alcanzar esa rica experiencia de la que se habla en el Apócrifo, (Sirácides 30: 15), que dice:

"La salud y el buen estado del cuerpo valen más que todo el oro del mundo, y un cuerpo fuerte más que una inmensa fortuna".

Por supuesto, todos sabemos que es imposible encontrar la verdad sobre la salud manteniendo nuestro interés y atención en la enfermedad.

Alumno: Pero sabemos que existe la enfermedad. ¿No debemos considerar este hecho?

Maestro: Quien reconoce la enfermedad como una realidad ha creado su propia ley al respecto, y para él la enfermedad es inevitable. Si piensas y crees en la enfermedad, entonces la enfermedad es un hecho para ti. Toda desarmonía corporal es primero un pensamiento y una creencia; en consecuencia, su cura es también del lado mental. Se ha dicho que "el Absoluto (Espíritu) es como el aire que transporta olores, tanto buenos como malos, pero que permanece para siempre sin ser contaminado por ellos". En el Absoluto, todo es salud y armonía; puede llevar consigo las creencias de los mortales en la enfermedad, pero nunca es contaminado por ellas.

Alumno: Ya que la creencia en la enfermedad es tan predominante, ¿no sería bueno que supiéramos cómo manejar la enfermedad, o la creencia en la enfermedad, desde el punto de vista espiritual?

Maestro: Sería más científico saber cómo manejar la salud; y dedicaremos esta lección a la sanación, a vivir en armonía consciente con las leyes de la vida. Comenzaremos con el fino arte de brindar un efectivo tratamiento espiritual, o tratamiento mental. Hay una serie de puntos importantes que el sanador o practicante debe recordar y practicar siempre en este aspecto.

Alumno: ¿Cuál es el punto más importante de todos?

Maestro: Es difícil responder, ya que todos son de vital importancia, pero uno de ellos es este: El practicante debe tener firmemente en cuenta el hecho de que solo hay Una mente y una sola expresión de esta mente única, aunque llena todo el espacio con sus innumerables manifestaciones. Esta conciencia elimina la línea de demarcación entre el paciente y el sanador. Otro aspecto esencial es el siguiente: Si uno espera ser de ayuda para un paciente, no debe dar tratamiento para la enfermedad. Eso seguramente intensificaría la enfermedad. Al dar un tratamiento espiritual, el practicante debe descartar totalmente de la mente todos los pensamientos de enfermedad y de personalidad. Mantener el pensamiento en la enfermedad significaría más enfermedad. Más bien, el sanador debería ver mentalmente la vida completa, libre, en paz y en armonía a través del poder del Cristo Radiante interior.

Alumno: Pero supongamos que el paciente está justo delante de usted en el momento del tratamiento, que está enfermo y siente un gran dolor. ¿Cómo puede el practicante evitar ver la condición de enfermedad?

Maestro: Si uno no es lo suficientemente disciplinado mentalmente para ver a través, o más allá, de las condiciones, no debe intentar ser un sanador; o bien debe limitar sus esfuerzos exclusivamente a tratamientos mentales ausentes. Ver, o creer en cualquier enfermedad que un paciente parezca tener, desarma al practicante inmediatamente y hace que sus esfuerzos sean inútiles para el paciente.

Alumno: ¿Los tratamientos mentales a distancia son siempre tan efectivos como los que se dan cara a cara? ¿La distancia del paciente de la fuente de tratamiento no pone una barrera a la efectividad de los tratamientos?

Maestro: Un practicante bien entrenado y con experiencia es capaz de tratar tan efectivamente en ausencia como en presencia del paciente; y hay algunos que trabajan mejor en ausencia. En el Espíritu no hay tiempo ni espacio, y la distancia entre el paciente y el sanador no hace ninguna diferencia. El primer paso mental que da el practicante es limpiar su mente de la presencia de cualquier cosa, excepto del único Dios-Espíritu. El pensamiento es increíblemente rápido en su transmisión y puede atravesar la tierra al instante, y no pierde nada de su poder en la transmisión. Al dar un tratamiento en ausencia, el sanador debe estar seguro de que el pensamiento enviado llega al receptor ahora y con infinito poder.

Alumno: ¿Por qué es tan importante saber que la verdad para el paciente es suya ahora? Si está enfermo, no me parece muy razonable que pueda recuperarse en este momento.

Maestro: Sin embargo, es ahora o nunca. En el Absoluto el único tiempo que existe es el eterno ahora. Para él no hay pasado ni futuro. Si el practicante mantiene el pensamiento de que el paciente "estará bien", para el paciente siempre será "estará", porque el sanador está posponiendo la sanación hasta un tiempo futuro y, como he dicho, no hay futuro conocido por el Espíritu. ¿Alguna vez dijo Jesús a alguno de los que fueron sanados por él: "Serás sanado. Levántate y vete"? No, nunca. Él siempre les habló en tiempo presente; siempre les decía algo semejante a esto: "Estás sano. Ve en paz".

Alumno: ¿Cuál es la mecánica para dar un tratamiento mental a alguien que está presente personalmente con el practicante?

Maestro: Los pasos para dar un tratamiento exitoso en tales circunstancias son los siguientes:

(1) Hacer que el paciente se relaje físicamente lo más completamente posible, por todos lados, dedos de los pies, tobillos, rodillas, columna vertebral, hombros, brazos, manos e incluso los párpados (ya que los ojos deben estar cerrados en el silencio). Todo el cuerpo del paciente debe estar lo más relajado posible. Cuanto mayor sea la relajación física que puedas inducir en el paciente, mayor será su receptividad al tratamiento mental.

(2) Hacer que el paciente "vacíe" su mente consciente lo más completamente posible, tratando de no pensar en

nada, en la medida en que se pueda hacer esto; hacer que trate de hacer un vacío de su mente, por así decirlo. Esta relajación completa de la mente consciente también induce una receptividad mucho mayor.

(3) El sanador debe eliminar por completo la línea de demarcación entre el paciente y el yo. No hay dos personas presentes, no realmente, no hay paciente y practicante. Los dos son uno, y el establecimiento de este hecho firmemente en la mente del sanador es de una importancia incalculable. Recuerda que la Sra. López (practicante) no está dando a la Sra. Pérez (paciente) un tratamiento mental. Si el practicante es consciente de cualquier sensación de separación o distinción entre el paciente y el yo, los resultados obtenidos serán escasos o nulos.

(4) Una vez que se ha eliminado realmente todo sentido de separación de la conciencia del practicante, se administra el tratamiento propiamente dicho. El paciente está ahora en una actitud pasiva, o receptiva, tanto mental como físicamente. El sanador está en una posición activa, o generadora. Sin embargo, los "dos" son uno, una persona es el polo negativo, la otra el positivo, y entre ellos puede pasar libremente la corriente curativa de la vida. En el Absoluto, el practicante proyecta ahora una corriente constante de energía-pensamiento positiva, constructiva y poderosa, al comienzo de cuyo proceso se pronuncia el nombre del paciente, silenciosa o audiblemente, para que el flujo del Espíritu pueda recibir una dirección definida. La actitud receptiva del paciente toma el flujo de poder y lo hace suyo. La afirmación que

el sanador utiliza al comienzo del silencio puede decirse en voz alta una o dos veces, aunque no es necesario. En el seno del Espíritu, en el fructuoso silencio, el practicante piensa y habita con intensa concentración y sentimiento, pero sin ninguna sensación de tensión.

Alumno: ¿Sobre qué pensamiento habita el sanador en el silencio?

Maestro: Sobre el prototipo espiritual para el órgano que puede parecer enfermo, o para la cosa o condición que puede desearse. Este prototipo espiritual es otra cosa de vital importancia. Pensar en cualquier cosa física, cualquier cosa que tenga forma, es estar en el plano de la limitación, de la causalidad secundaria, del efecto. Pero pensar firmemente en el prototipo espiritual es estar mentalmente en el reino de lo absoluto, que es lo infinito, que es la primera causa o causación primaria, que es la causa misma y no el efecto.

Alumno: Para mí, este prototipo espiritual, aunque estoy seguro de que es importante, es lo más difícil de todo este estudio, "sostener" mentalmente, el punto más difícil de entender realmente. ¿Podría darme algunos consejos útiles al respecto?

Maestro: Eso es cierto para muchos, de hecho, para casi todos los principiantes en este estudio. Tal vez el prototipo espiritual te resulte difícil porque no tiene forma; además también puede parecer difícil de entender porque es una idea nueva para ti, con la que no estás familiarizado, en la que no estás acostumbrado a pensar. Sin embargo, es bastante simple, una vez que conoces su naturaleza. Aquí hay algunas buenas reglas a seguir en este asunto:

(1) El prototipo espiritual de cualquier cosa es la cosa misma en su estado más incipiente, es el origen real de la cosa en la Mente Universal.

(2) Para encontrar el prototipo espiritual de cualquier cosa, solo es necesario determinar en tu propia mente el propósito de la cosa, cualquiera que sea. Esta es una regla infalible. Por ejemplo, supongamos que deseamos un buen automóvil y queremos conocer su prototipo espiritual. Uno se preguntaría mentalmente: "¿Cuál es exactamente el propósito de un automóvil? ¿Para qué sirve? ¿Qué hace? ¿Para qué quiero realmente un automóvil?" Ciertamente, el automóvil es un instrumento, un medio para el progreso, para un progreso rápido, agradable y armonioso. Así pues, el prototipo espiritual del automóvil es el progreso. Al menos, esto es lo que un auto significa para mí; pero al seleccionar un prototipo espiritual para cualquier cosa, cada uno debe pensar por sí mismo cuál es el propósito de la cosa para ti.

SANACIÓN INSTANTÁNEA (PARTE II)

Alumno: ¿Podría darnos otros prototipos y mostrarnos cómo se llega a ellos? Con algunos ejemplos más que me sirvan de guía, estoy seguro de que entonces sabré cómo formar mis propios prototipos para cualquier cosa particular deseada o requerida.

Maestro: Muy bien; aquí hay algunos más. Por ejemplo, tomemos la cabeza, suponiendo que uno tuviera la creencia de un violento dolor de cabeza. La cabeza es la casa del cerebro; y el cerebro es el instrumento de la mente, pero en ningún sentido la mente misma. ¿Cuál es el propósito de la mente? Es conocer, conocer a Dios, la capacidad de conocer a Dios. ¿Puede una capacidad de conocer realmente, doler o sufrir, siendo una cosa sin forma? No, no puede. El prototipo espiritual de la cabeza, tal como yo lo veo, es la capacidad de conocer a Dios. Consideremos ahora los ojos. ¿Cuál es el propósito del ojo físico? Es el instrumento del discernimiento, que es un factor puramente espiritual, el discernimiento como tal no tiene forma propia. Para mí, la capacidad de discernimiento es el prototipo espiritual de los ojos. A continuación te presento otros prototipos espirituales; no te explicaré cómo llegué a esta conclusión. Nombraré el órgano o parte del cuerpo y su prototipo, tal como yo lo veo, y te daré el beneficio de pensar por ti mismo por qué he elegido este prototipo particular para cada cosa específica:

Dientes: Capacidad para analizar y diseccionar las ideas de Dios.

Pulmones: Capacidad de conocer la vida como vida.

Corazón: Capacidad de amar.

Estómago: Capacidad de entendimiento.

Hígado: Capacidad de fe.

Riñones: Capacidad de pureza y limpieza.

Recuerda siempre que el prototipo espiritual es el propósito de la cosa. Toda cosa física tiene un propósito; en consecuencia, tiene una correspondencia espiritual. Dejando que tus pensamientos se detengan en el propósito de cualquier órgano físico, o cosa, haces un contacto directo y muy poderoso con la fuente de todas las cosas, con la primera causa, que proyectó de sí misma todas las cosas concentradas; porque como Troward me dijo, "la materia es solo el espíritu desacelerado hasta un punto de visibilidad".

Alumno: Estos ejemplos me ayudarán mucho, estoy seguro. Pero ahora me pregunto cuál es la mejor manera de ayudarnos a nosotros mismos, y a los demás, a olvidar las debilidades humanas, los dolores y sufrimientos, etc. Me parece que la mayoría de nosotros tenemos la costumbre de pensar demasiado en esas cosas negativas.

Maestro: Encuentro que la mejor manera de alejarse de los pensamientos y sentimientos negativos es la siguiente: Entrenar deliberadamente el pensamiento y el sentimiento para viajar por el camino de nuestras bendiciones. Cada uno de nuestros momentos conscientes contiene una bendición, si tan solo la buscamos cuidadosamente, la reconocemos y nos alegramos por ella. Al buscar nuestras bendiciones nos ayudará mucho recordar las muchas alegrías que hemos experimentado, así como las que esperamos experimentar. De esta manera podremos olvidar las cosas negativas de las que nuestra parte humana es tan propensa a culparnos.

Alumno: ¿Podemos tener una ilustración de este punto, por favor? ¿Algo de su propia experiencia?

Maestro: Sí. Esta es una experiencia real en la que participé. Hace algunos años, en Los Ángeles, una señora vino a verme con el problema del cáncer, enfermedad que, según le habían dicho, la aquejaba gravemente. Me pareció que toda su atención se centraba en la limitación que la condición cancerosa le estaba causando, o que pronto le causaría. Era propietaria de un restaurante y se ocupaba ella misma de gran parte del trabajo. Según dijo, varios médicos le habían dicho que no había cura para ella, que la enfermedad se había extendido hasta el punto de que no se podía considerar la posibilidad de una operación, que debía guardar reposo y pasar la mayor parte del tiempo que le quedaba en cama. Por supuesto, esto significaba que debía cerrar el negocio, y al hacerlo se encontraría en una situación de extrema necesidad, de hecho, sería objeto de caridad. Con la mente llena de estos pensamientos negativos de enfermedad y carencia, que seguramente sobrevendrían a menos que pudiera curarse, vino a verme. Después de hablar con ella, le pedí que me dejara reflexionar durante tres días antes de decidir si aceptaba su caso de tratamiento mental. Le pedí este plazo para comprobar a fondo cuánto tiempo podía dedicarle, para ver si podía disponer de todo el tiempo que ella requería. Después de dos días de cambiar algunas citas y aplazar otras que no eran realmente urgentes, le dije a la señora que viniera.

Mi primera pregunta fue la siguiente: "¿Cree absolutamente lo que Jesús dijo a sus discípulos, según está registrado en Marcos 10:27, y que dice que para los hombres es imposible, pero no para Dios, porque todas las cosas son posibles para Dios?".

Ella me aseguró que creía en ello; pero dijo que encontraba su propia mente demasiado desentrenada y caótica para mantener su pensamiento y sentimiento fuera de lo que parecía ser lo inevitable, y mantenerlo en el hecho de que Dios es el único poder que existe, que está siempre presente, siempre susceptible a la sugestión, eternamente receptivo y siempre creativo. Por eso, deseaba la ayuda del Espíritu a través de mí.

Le dije que debía saber conmigo, cada hora, continuamente, que su relación con Dios es siempre Yo Soy, y que cada vez que pensara o dijera "yo soy" recordara que estaba pensando o diciendo, en realidad, "Dios es". Le dije también que Dios la había creado a partir de sí mismo, para sí mismo, y que para él y en él, ella por siempre era completa y perfecta. "Dios es amor", y le pedí que siempre tratara de sentir su gran amor surgiendo a través de ella. Luego, le cité el versículo de 1 Juan 4: 16: "Dios es amor, y el que permanece en amor, permanece en Dios, y en Dios en él". También le pedí que entendiera que Dios es vida, vida inteligente, amorosa, armoniosa y creativa, y que mantuviera sus pensamientos y sentimientos conscientes en estas cosas.

Entonces, ella protestó: —"Pero ¡no me ha dado ninguna afirmación para mi cáncer!"

—"¿Dijiste 'mi cáncer'?" —le pregunté con mucho sentimiento y énfasis— "¿Realmente quieres el cáncer, querida? ¿Estás decidida a tenerlo? Si no es así, ¿por qué lo reclamas para ti diciendo 'mi cáncer'? ¡Recuerda que los pensamientos son cosas!"

—"¡Oh, no!" —exclamó— "Entiendo lo que quiere decir. Solo escúcheme. Debo vencer este hábito negativo de pensamiento".

Una vez más, le aseguré que ella era una hija Divina, que todas sus necesidades eran siempre suministradas, a través de su reconocimiento de ellas. Luego le dije que tratara de mantener constantemente en su conciencia pensamientos que tuvieran alguna de las siguientes cualidades: creencia, confianza, convicción, consideración, honestidad, paciencia, seguridad, sinceridad, y otras ideas en las que hubiera algo de la esencia de la fe. Hice hincapié en el hecho de que, al mantener estas cosas en la mente, su pensamiento y sentimiento tendría la esencia de la fe en ellos; y que pronto formaría el hábito de pensar de esa manera. Me esforcé para que dejara de pensar en sí misma y se concentrara en las cosas del espíritu. Sabía que si lograba que lo hiciera habitualmente, Dios se encargaría del resto del asunto.

Esta señora me aseguró que trataría de hacer exactamente lo que le pedí, aunque parecía más plausible dudar que creer que podría volver a tener perfecta salud después de tanto sufrimiento, y de las opiniones de varios médicos de que estaba desahuciada.

Aun así, le dije con toda seguridad que estaba escrito: "Dios está contigo para salvarte". Le pedí que recordara que la fe es viva y que conduce a más vida, mientras que la duda es algo muerto y no conduce a ninguna parte. La principal característica de la fe es que constantemente fluye y arde con un brillo y una expectativa cada vez mayores. La fe viaja siempre en la única dirección de la comprensión. La duda es una plaga para todo esfuerzo hacia la verdad.

Este paciente vino a verme regularmente todos los días durante unas dos semanas; y su condición comenzó a mejorar desde el principio. Luego, durante otras seis semanas, solo tuvo tratamientos ausentes, a intervalos frecuentes, con una visita ocasional en persona. Al cabo de dos meses estaba completamente libre de cualquier indicio de cáncer, libre en cuerpo, mente y sus asuntos. Inmediatamente, comenzó a fortalecerse físicamente y la última vez que la vi, unos dos o tres años después de que viniera a verme por primera vez, gozaba de una salud sólida, prosperaba en los negocios y estaba segura de su contacto con el Espíritu.

Alumno: Esta ilustración aclara en mi mente, cuando la repaso punto por punto, una serie de ideas que me resultaban muy vagas e inciertas. Gracias. Sé que las dudas lo hacen a uno desdichado de la mañana a la noche.

Maestro: Exactamente. Y parece que después de un tiempo, las personas que se entregan a ellas, aprenden este hecho y hacen un "giro completo" y marchan hacia delante, en la dirección de la fe. La fe es una luz resplandeciente que vive en nosotros. Tiene su origen en la fuente de la intuición. Su resplandor se ve en los largos rayos de esplendor que nos conducen siempre hacia arriba, hacia el reino de lo bello, lo verdadero y lo bueno.

Alumno: Si uno no tiene fe, ¿cómo la consigue?

Maestro: La fe no se consigue. Cada alma ya la tiene. Ha sido tuya desde siempre; es tan parte de ti, de tu ser Divino, como lo es tu corazón, tus pulmones, tu mente: es un regalo tan precioso como la vida misma, y nace de la vida misma, siempre innata en cada alma viviente. Es verdad que algunos son menos conscientes de la fe que otros, por haberla descuidado, por haberla empañado con dudas, miedos, ansiedad, etc. Pero la cualidad sigue ahí, y cultivándola volverá a brotar en plenitud. Todo lo que se requiere es esto: que ejercites la fe que ya tienes durante unas pocas semanas. Búscala deliberadamente. Insiste en verla. Persiste en usarla.

¿ES EL DESEO UN IMPULSO DIVINO?

Maestro: ¿El deseo es un impulso Divino? Escuchamos esta pregunta en muchas formas diferentes. Se plantea y discute con tanta frecuencia que me parece útil responderla desde el punto de vista de Troward; después de haberla estudiado y meditado desde su punto de vista, llegarás a tu propia conclusión.

Alumno: Me alegro de que nos haya planteado este tema. Muchas veces he deseado saber qué es lo que Dios quiere que haga, cuando he estado indeciso sobre algún movimiento, tal vez una decisión importante.

Maestro: La única manera de comprender plenamente la ley de atracción de la Vida es ver lo que hace en determinadas condiciones. En un árbol es crecimiento; en un animal es desarrollo; en toda la naturaleza es evolución. Desde las formas más bajas hasta las más altas, todo crecimiento es impulsado por la criatura organizada que avanza en su propia realización. Uno no puede hacer otra cosa que creer en la ley del desarrollo, que es el deseo sagrado de la vida originaria de todo, de manifestarse cada vez más plenamente. Puesto que nosotros, como humanos, somos ramas del único árbol de la vida, este hecho también es cierto para nosotros.

Alumno: ¿Puedo hacer una pregunta, por favor?

Maestro: Por supuesto, cuando quieras.

Alumno: ¿Quiere decir que todo crecimiento es el resultado de un deseo de autoexpresión, que toda evolución está dentro de la gran Mente Creativa?

Maestro: Así es; y cada uno de nosotros es el resultado directo de ese deseo. Por lo tanto, debemos aprender a confiar en nuestros deseos. No hay más que *un* gran deseo, y prácticamente todos nuestros deseos individuales son reflejos de este. El deseo del individuo, su verdadero deseo, es el Bien. Ninguna persona racional desearía otra cosa para sí misma o para los demás.

Alumno: Muchas filosofías enseñan que debemos vencer, que debemos superar, que debemos elevarnos por encima de todo deseo para perfeccionarnos. ¿Cómo responde usted a esto?

Maestro: Me mantengo firme en lo que ya he dicho aquí. Me mantengo firme en la convicción de que nuestros deseos son impulsos divinos que nos estimulan al crecimiento y al desarrollo constante. Sin deseos, seríamos simples autómatas, no tendríamos el deseo de progresar y crecer. Es imposible que uno aplaste todos los deseos sin arruinarse a sí mismo, espiritual, física, moral y mentalmente. Los deseos, los anhelos que tenemos son estímulos, son impulsos de expresión, de la santa ciudadela de Dios dentro de nosotros mismos.

Alumno: Entonces, ¿es cierto que si queremos atraer hacia nosotros algún beneficio en particular, solo tenemos que imprimir firmemente el deseo de obtenerlo en la fase subconsciente de la mente y mantenerlo firmemente? ¿Debemos hacer esto como se hace una impresión de sonido en un disco fonográfico antes de ser reproducido? ¿Deberíamos hacer esto sabiendo que dicho deseo se transmite instantáneamente a la Única Gran Energía Creativa que siempre responde, y que de seguro se manifestará en nuestro propio mundo físico?

Maestro: Eso es exactamente lo que quiero decir. Te daré otro ejemplo. Conozco a una señora muy fina y muy sabia en Los Ángeles. Después de regresar del mercado se dio cuenta de que había extraviado las llaves de su auto; ella tenía una cita urgente en el centro dentro de un momento. Había llevado la mercadería del auto a la cocina. Después de buscar las llaves en todos los sitios lógicos que podía imaginar, seguía sin encontrarlas. Entonces, se dijo a sí misma (su fase subconsciente de la mente): "Quiero esas llaves del auto. Debo tenerlas. Ahora, ¿dónde están? ¡Tú sabes!" Casi de inmediato tuvo el deseo de vaciar la bolsa de papas en el lavaplatos de la cocina. Pero desechó la idea y repitió su deseo de encontrar las llaves. Hizo esto dos o tres veces, mientras seguía buscando las llaves; y cada vez recibía de vuelta la sensación de que debía vaciar la bolsa de papas. Tenía la costumbre de dejar que su criada vaciara las bolsas y guardara las compras, y la idea de vaciar la bolsa de papas le parecía absurda. Pero el impulso continuaba apremiándola, aunque no entendía cómo era posible que las llaves del auto estuvieran en la bolsa de papas. Así pues, vació la bolsa en el lavaplatos y casi al instante escuchó un sonido metálico. Miró y allí estaban las llaves perdidas.

Alumno: ¿Su profundo deseo de encontrar las llaves le trajo la respuesta? Parece muy sencillo.

Maestro: Y es muy muy sencillo, una vez que conoces la responsividad de la ley de la mente subjetiva. Esta señora conocía esa ley.

Alumno: Si realmente conocía la ley, ¿por qué no reconoció la respuesta a sus deseos la primera vez que fue impresionada para vaciar la bolsa de papas?

Maestro: La señora a la que me refiero es una mujer muy culta, una entusiasta estudiante de lógica. Aunque ella realmente cree en el poder intuitivo de la mente para captar una idea del Infinito, el viejo hábito racial de dar prioridad a la razón no se había desarraigado por completo de su conciencia. Cuando la intuición le dijo claramente que vaciara la bolsa, la razón argumentó y le dijo que ese impulso era una tontería. La controversia entre la razón y la intuición continuó en su interior durante varios minutos. Entonces, debido a su estudio de la verdad, y a su aplicación de la misma, recordó que la intuición, y no la lógica, es la verdadera clave de la vida. Así que se sintió impulsada a hacer lo que se le había ordenado. Cuando lo hizo, su deseo tuvo como correlativo la realización. El deseo y la realización siempre están unidos como causa y efecto a través de la ley universal de la atracción.

Alumno: Me sigue pareciendo que un verdadero estudiante de la verdad debería tener pensamientos, sentimientos y deseos tan entrenados en la dirección correcta, que la lógica no pudiera equivocarse en sus conclusiones.

Maestro: Uno no cambia de la noche a la mañana los hábitos de razonamiento de toda una vida. Como en todo, el cambio completo es una cuestión de crecimiento. El hecho de que ella obedeciera a la pequeña voz dentro y que así se resolviera su problema, es todo lo que realmente importaba. Con el tiempo, esta señora, como todos nosotros, aprenderá a reconocer instantáneamente la voz de la intuición cuando habla y ya no cuestionará, ni razonará, solo obedecerá. Cuando todos lleguemos a ese punto, como podemos hacerlo y lo haremos, mediante el estudio y la práctica fiel, no habrá ningún problema en toda la experiencia humana que no encuentre su respuesta. Hay mucha verdad en el viejo dicho: "Cuida del corazón y la cabeza se cuidará sola".

Alumno: ¿Pero, no es largo y difícil el camino para alcanzar la verdadera sabiduría?

Maestro Es muy largo, ya que tiene un alcance infinito, pero no es difícil. Es como la historia de los dos hombres que caminan hacia Roma. Uno le preguntó al otro por qué había elegido un camino tan lleno de piedras. Su compañero le contestó que no había notado ninguna piedra, y sugirió que se sentaran al borde del camino y se quitara los zapatos. Así lo hicieron, y el que se había estado quejando encontró una piedrecilla en su zapato. El camino en sí no tenía nada de malo.

Alumno: Entonces, ¿el camino es lo que cada uno hace de él? ¿Es esa su idea?

Maestro: Así es. De hecho, el gran camino de la verdad, al menos para mí, es el camino más interesante de toda la vida. Se requiere tiempo y un esfuerzo apasionante y feliz para establecer una conciencia ininterrumpida de la perfecta acción recíproca entre el deseo de expresión, tal como existe en la energía creadora y en la mente individual. Es cierto que al establecer correctamente nuestra relación con la gran Mente Paterna podemos gradualmente alcanzar cualquier condición que deseemos, por supuesto, siempre que primero hagamos de nosotros mismos, mediante nuestra actitud mental habitual, la persona que corresponde a esas condiciones. Uno nunca puede escapar de la ley de correspondencia. Esta ciencia de la correspondencia, o de causa y efecto, es tan infalible como las matemáticas; y como en las matemáticas, hay que dominar sus principios antes de poder sentir habitualmente: "Mi Padre y yo somos Uno".

Sí, nuestros deseos son nuestro propio ser inmortal buscando una expresión más plena; y uno puede probárselo pronto al ser dudoso y desconcertado de uno mismo.

Alumno: De alguna manera, todavía me resulta un poco difícil aceptar el sentimiento de que mis deseos son impulsos Divinos, o la naturaleza Divina misma buscando expresión a través de mí. Me parece que el deseo es egoísta y a menudo erróneo, incluso malo para uno.

Maestro: ¿No dijo Jesús: "Busca y encontrarás"? ¿Por qué alguien buscaría algo?

Alumno: Porque quiere aquello que busca.

Maestro: Muy bien. ¿No es lo mismo querer que desear? Jesús también dijo: "Pide creyendo que ya has recibido y recibirás" ¿Por qué uno pediría algo?

Alumno: Porque lo desea y siente que sería bueno para él.

Maestro: Correcto. También dijo el Maestro: "Si no son como niños, no entrarán en el reino de los cielos". Si uno desea entrar en la nueva vida de libertad y alegría, en verdad debe volverse como un niño pequeño.

Alumno: ¿Y qué quiso decir Jesús con eso?

Maestro: Exactamente lo que dijo. Observa a un niño, cualquier niño, rico o pobre. Su propio impulso es el deseo, es querer algo. Todos los niños son simplemente una continua encarnación del "dame" y "quiero". Naturalmente, los deseos del niño no son sino el precursor del adulto y sus deseos; y en el adulto los deseos son tan naturales como en el niño.

Alumno: Esta idea del deseo es realmente nueva para mí. Pero me gusta.

Maestro: Aprenderás a amar y a confiar en tus deseos a medida que tu comprensión espiritual se expanda. La vitalidad, que es la Vida, nace del deseo, es hija del Amor. Te sorprenderás del rápido progreso que harás una vez que realmente te hayas decidido a confiar en tus deseos. Cuanto más aprendas a confiar en tus deseos, mayor será tu flujo de fe.

Alumno: Pero, ¿no debería haber un control de los deseos? ¿Una clasificación de lo bueno y lo malo? No todos los deseos son santos, ¿verdad?

Maestro: Por supuesto, hay que ser racional. Troward escribe en sus "Conferencias de Edimburgo" que "no hay nada malo en las manifestaciones de una mente sana en un cuerpo sano". Este estudio presupone que un estudiante sincero de la verdad no albergará malos deseos, que su mentalidad es normal, su comportamiento normal. Siendo así, los deseos de tal persona también deberían ser solo naturales, racionales, buenos; y si esto es así, entonces los deseos de esa persona son impulsos Divinos. Te sugiero que leas la carta personal que me escribió Troward, cuya copia exacta se encuentra en mi libro "Cómo lograr tus deseos". Entonces verás aún más claramente por qué debes confiar en tus deseos, reconociendo que los deseos son impulsos divinos.

SUPREMA LIBERTAD INDIVIDUAL

Alumno: Entonces, la suprema libertad individual es nuestro maravilloso tema de hoy, ¿verdad? Estoy seguro de que nos demostrará que la suprema libertad puede ser nuestra, que la mente gobierna el mundo.

Maestro: Siempre puedes estar seguro de que tu mente gobierna tu mundo; y siempre debes saber que tu mundo individual es una rama del Mundo Universal. Tu mente hace de tu mundo una cosa de belleza, paz y libertad absoluta, si tan solo así lo deseas.

Alumno: Estoy convencido de que esto es verdad, si tan solo uno pudiera realmente controlar su mente, pensamientos y sentimientos en todo momento. Sé que otros han alcanzado esta maestría, este autocontrol; pero de alguna manera no parece posible para mí, por mucho que lo desee.

Maestro: En algún momento de nuestras vidas, todos pensábamos lo mismo con respecto a las tablas de multiplicar. Qué difíciles nos parecían cuando éramos niños; sin embargo, todos nosotros las dominamos mediante un esfuerzo persistente. Lo mismo ocurre con la libertad individual absoluta. Está latente dentro de cada alma, solo esperando que la invoquemos, que la despertemos, que la reconozcamos, que le prestemos nuestra atención, nuestra observación concentrada, en cada pensamiento, en cada sentimiento, en cada acto. No es difícil tenerla si la ponemos en primer lugar en nuestras vidas, igual que un gran científico pone su ciencia por delante de todo lo demás. Al menos en teoría, todos nos damos cuenta de que solo conseguimos lo que nos esforzamos por alcanzar, y nos esforzamos con constancia.

Alumno: ¿No es Annette Kellerman, la gran nadadora, un ejemplo de esto? ¿No era minusválida de niña, y considerada minusválida irrecuperable?

Maestro: Sí, lo era. Pero a través de un esfuerzo insistente, persistente, determinado y constante, se convirtió en una mujer físicamente perfecta, un modelo para las mujeres del mundo. Su ciencia era la ciencia de la salud, la ciencia de la belleza física y de la perfección. Hay muchas ciencias; y cada uno de nosotros puede elegir aquella con la que esté más en sintonía y perseguirla hasta alcanzar un objetivo deslumbrante.

Alumno: Pero la ciencia, ¿no se ha jactado de haber refutado la Santa Biblia?

Maestro: Es posible que algunos científicos hagan este alarde. Pero no es cierto. El hecho es que la ciencia ha confirmado la verdad de la Biblia. Podría decirse que la ciencia ha escrito una nueva Biblia para la mente pensante, simplemente aclarando la antigua. La ciencia ha hecho de la Biblia, el Libro supremo para aquellos que están decididos a vivir aquí y ahora. La ciencia ha demostrado que la palabra de Vida del Espíritu, es una palabra viva de poder. Verdaderamente, "los cielos cuentan la gloria de Dios y el firmamento anuncia la obra de sus manos". Al leer tu Biblia sustituye siempre la palabra "Señor" por la palabra "Mente Subconsciente". Prueba esto fielmente por un tiempo y verás el crecimiento asombroso que tendrás. Prueba esto con pasajes como Isaías 40:31; Marcos 29:30; Lucas 18: 29-30, y muchos otros. Mira a tu alrededor; mira los resultados alcanzados por aquellos que han aprendido a amar, a usar y a confiar en la Mente: fuerza, poder, belleza.

La televisión, la fotografía, el microscopio, el telescopio, el espectroscopio, todas estas, sí, todas las cosas, el teléfono, los aviones, son el resultado del progreso y armonía de la Gran Energía Creativa, sus atributos principales son estos:

1. Está siempre presente, en todas partes;
2. Es siempre susceptible a la sugestión;

3. Es siempre responsiva;

4. Es eternamente creativa.

Recuerda que esta energía de Dios se manifiesta en la mente del individuo, de hecho, *es* la mente del individuo. Las tres referencias bíblicas anteriores, y muchas otras, nos enseñan que si uno pone el desarrollo de la chispa divina interior en primer lugar, por encima de todo lo demás, a cambio, la divinidad hará que uno sea el primero con ella. Verdaderamente, entonces, lo mejor que la Vida tiene para dar, es esa posesión.

Alumno: ¿Estoy en lo correcto al creer que las preciosas promesas de la Biblia dependen de que tomemos decisiones inteligentes, de que amemos la vida (Dios) primero en todo? ¿Y si lo hago, todo lo que deseo será mío?

Maestro: Así es, si pones a Dios en primer lugar, si realmente lo pones a él en primer lugar. Debemos hacer que nuestro primer esfuerzo sea conocer las leyes de la vida y vivirlas. En relación con esto, lee una y otra vez, o mejor aún, memoriza muy bien, el capítulo 22 de Job, comenzando en el versículo 21 y continuando hasta el final del capítulo. Las promesas dadas allí, el poder, la libertad, la abundancia, son tuyas exactamente como se prometió, si te tomas el tiempo, el esfuerzo, para familiarizarte con el amoroso poder paternal que siempre puede, y está más que dispuesto a hacer estas cosas en ti, a través de ti. Mientras lees, asegúrate de tener en mente constantemente que el versículo 21 es la clave de todos los demás que le siguen. La esencia de todo este pasaje de Job es la siguiente: Obtenemos de la vida exactamente lo que ponemos en ella, además de mucho más aumento, como interés de nuestra fe. Algunos expresan esto de una manera más sencilla diciendo que "recibimos aquello por lo que pagamos, y nada más".

Alumno: A menudo me he preguntado esto en relación con el diezmo. ¿Es cierto que el diezmo es una ley muy antigua que tiene mucho poder detrás de ella?

Maestro: En efecto, el diezmo es una ley que tiene mucho poder. Yo diezmo desde hace veinticinco años, religiosamente. La práctica del diezmo es una virtud formadora de hábitos divinos. La gente diezma porque reconoce a Dios y desea desarrollar su reconocimiento y expectativa. Los diezmadores regulares y sistemáticos son aquellos que han formado el hábito de contar sus bendiciones. Como resultado, sus bendiciones aumentan constantemente. ¿Acaso no dio Abraham la décima parte de todo a Melquisedec como muestra de reconocimiento de que sus éxitos provenían de Dios? Y cuando Jesús envió a sus discípulos a las ciudades de Israel, les prohibió expresamente que llevaran consigo dinero o provisiones. ¿Por qué? Porque deseaba que los habitantes de aquellas ciudades reconociera a Dios en sus siervos y los mantuvieran con sus diezmos. Como dijo San Pablo: "El pueblo que recibe instrucción espiritual administrará parte de su bien al que imparte la instrucción". Es un hecho comprobado que el hábito de diezmar es un camino seguro hacia la suprema libertad de uno mismo.

Alumno: ¿Debo entender que el hábito de diezmar me dará la conciencia de una asociación permanente con Dios, porque mi diezmo es para Dios y sus siervos? ¿Es esto correcto? ¿Se diezma a la causa de Dios en reconocimiento, en amoroso reconocimiento, de la guía Divina? ¿Tiene uno necesariamente que diezmar solo a las iglesias?

Maestro: No, no es necesario diezmar solo a las iglesias. Algunas personas diezman regularmente a organizaciones misioneras, otras a organizaciones benéficas, y muchas diezman a individuos que trabajan en los viñedos de Dios, independientemente de organizaciones o afiliaciones. El valor del diezmo reside en el establecimiento del sentimiento de constante asociación divina. Diezmar lo lleva a uno a la conciencia elevada y fructífera de Dios y compañía ilimitada. Si uno se mantiene en contacto consciente con la Sustancia de Vida, Siempre Presente y Receptiva, devolviéndole regularmente parte de la sustancia (fondos) que ha colocado en su administración, esto constituye un reconocimiento práctico de las bendiciones y, por lo tanto, aumenta las abundantes bendiciones. Los antiguos israelitas demostraron este hecho consistentemente; y durante siglos los judíos han practicado el diezmo, como lo hacen hoy. Los mormones de hoy también prueban esta ley constantemente. Cuando yo daba conferencias en Salt Lake City, durante la

"Depresión", no había ni un solo mormón o familia mormona necesitada. La razón es obvia, ellos diezman.

Alumno: No sabía que el diezmo fuera un estímulo tan grande para la afluencia constante de suministro; pero ahora me parece que le daría a uno la misma sensación de seguridad que uno tiene cuando se pagan los impuestos en su totalidad.

Maestro: Eso es correcto. Después de todo, tu dinero eres tú mismo; tú eres de Dios, tu dinero también es suyo. La humanidad intercambia sus habilidades, integridad, trabajo, etc., por dinero. En mis treinta y cinco años como practicante, he tenido miles de personas que acuden a mí en busca de ayuda espiritual para aumentar el suministro; pero en todo ese tiempo, nunca he tenido ningún diezmador que haya buscado mi ayuda para un aumento financiero. De hecho, he tenido muy pocos diezmadores, los que siguen religiosamente la práctica, que hayan buscado mi ayuda para cualquier tipo de discordia. Diezmar lleva consigo una gran cantidad de bendiciones. Dar es adoración. Si uno realmente adora a Dios, y lo considera su mejor socio de negocios, uno reconoce su ayuda dando primero a su causa. La persona promedio le da una miseria a Dios, después de haber pagado todo lo demás. Eso no es diezmar en ningún sentido. Un diezmo no es un diezmo a menos que sea el diez por ciento. El diezmo debe pagarse en primer lugar, de la ganancia bruta; y debe ser ofrecido en amor genuino, acción de gracias y alegría, con absoluto desprendimiento.

Alumno: ¿Es el diezmo requerido por el Poder Inteligente y Creativo de la Vida? Seguramente Dios no necesita el dinero, ni las tierras, ni el ganado.

Maestro: El diezmo es voluntario. Sin embargo, es necesario si se desea un aumento continuo de bendiciones. Es una gran alegría reconocer a Dios como compañero. Para mí un compañero significa alguien a quien queremos, con quien trabajamos por un bien común, y con quien compartimos felizmente el amor. Para recibir los beneficios del diezmo debe haber alegría al dar. Diezmar a regañadientes no produce bendiciones, o muy pocas, en el mejor de los casos. "El que se da a sí mismo con sus dones, alimenta a tres: a sí mismo, a su prójimo hambriento y a mí". Diezmar trae consigo un sentido permanente de seguridad, tiene en su seno amoroso una abundancia de ideas de éxito que, cuando se adoptan, traen salud, riqueza y felicidad. Esta es la ley del diezmo.

Alumno: Gracias por esta lección sobre el diezmo. Me gustaría saber mucho más al respecto. Pero, ¿puede decirnos cómo razonar con certeza?

Maestro: No es precisamente a esto a lo que me refería cuando hablábamos de razonar una afirmación antes de intentar asimilarla. Por ejemplo, consideremos la libertad. La libertad es alegría; la alegría es libertad. Pero parece que son pocos los que tienen realmente libertad o alegría.

Muchos parecen estar encadenados por miserias, sus días están llenos de discordia: el trabajo, todo tipo de trabajo, les resulta desagradable; la mayoría de la gente les resulta insoportable; las cosas que ocurren son horribles; el clima es abominable, llueve cuando no debería, y cuando debería llover, no llueve. Compran cosas y luego se arrepienten. Venden cosas y luego se sienten agraviados porque no recibieron más dinero. Si no acuden a los sitios se sienten menospreciados; si acuden a los sitios están seguros de haber sido desairados. Si no tienen cosas se desaniman; si tienen cosas, no son las que quieren, etc.

Alumno: Cielos, ¿está describiendo a la persona promedio?

Maestro: No. Solo te estoy dando una visión más profunda de una persona en esclavitud, de aquellos que no han entrenado sus mentes para mantener solo pensamientos de absoluta libertad. La alegría perfecta y la libertad son tuyas ahora. Tómalas y hazlas tuyas.

Alumno: ¿Cómo puede uno entrar en estos pensamientos de alegría a voluntad?

Maestro: Ese es el lugar para la afirmación. Por ejemplo, tomemos el pensamiento: "Lo mejor que la vida tiene para dar, es mío ahora". Razona sobre esto por un minuto. ¿Por qué es verdad? Porque la Vida (Dios) me hizo a partir de sí mismo y vive en mí. La vida misma en mí es

Dios. La vida es feliz; la vida es libre; la vida es salud; la vida es riqueza; la vida es todo bien.

Alumno: Lo entiendo, pero supongamos que, cuando ya estamos convencidos de que esto es cierto, algún miembro de la familia o algún amigo nos hace un comentario desagradable. ¿Entonces qué? ¿Se supone que uno debe reírse de eso?

Maestro: Si realmente eres consciente de que lo mejor que la vida tiene para dar es tuyo, comprenderás al instante y en todo momento que no debes tratar de vivir para otro. Tienes todo para mantener la corriente de alegría fluyendo a través de tu propia conciencia. Cuando empecé a estudiar con Troward, me advertía todos los días: "Vigila tus pensamientos y sentimientos. Ya sabes, toman forma". Y realmente hizo llegar esa gran verdad a mi conciencia. Cuando fui a Ruan Manor a estudiar con Troward, llevé a mi criada conmigo, ya que estaba acostumbrada a tener una criada personal toda mi vida. Donde yo vivía, en Ruan Manor, no había ninguna comodidad moderna, y no se podía conseguir ninguna en los alrededores. Llevábamos allí apenas un mes cuando Marie se acercó a mí llorando y me dijo que se le rompía el corazón por dejarme, pero que no podía quedarse más tiempo en aquel terrible lugar; que tenía que volver a París. Se sentía demasiado sola, y cosas así. Por supuesto, mis primeros pensamientos fueron: "Si Marie se va, ¿qué voy a hacer? Aquí estamos a kilómetros de cualquier lugar, sin comodidades de ningún tipo. ¿Qué significa esto? ¿Por qué me viene este desastre precisamente ahora, cuando realmente estoy tratando de conocer a Dios?". Justo cuando mis pensamientos alcanzaron esa posición y estaban cobrando impulso, vino a mi mente la advertencia de Troward: "¡Vigila tus pensamientos!" y me detuve justo allí. Empecé a utilizar el ejercicio de la voluntad que él me había enseñado. También utilicé las afirmaciones que me había dado, para mantener mis pensamientos donde el Poder Creativo en pensamientos y sentimientos pudiera producir lo que yo quería. Lo que más deseaba era libertad para seguir estudiando. Deliberadamente mantuve mis pensamientos en el lugar correcto. Solo dos días después, la señora a quien le alquilé nuestras habitaciones vino a verme y me dijo que creía que Marie había estado intentando decirle que me dejaba (Marie era francesa y no hablaba inglés) y que deseaba poder encontrarme otra buena criada personal antes de irse a París. Le dije a la señora que ese era el caso. Me dijo que su hija volvería de Londres dentro de unos días, que su hija había trabajado allí durante varios años como criada personal y que estaba segura de que la chica estaría encantada de trabajar para mí. Marie se marchó después de enseñarle a la otra chica cómo quería que se hicieran las cosas; y la nueva criada fue tan satisfactoria como la primera. En este episodio tuve mi primera buena lección al saber que debo vigilar mis pensamientos, que se convierten en cosas.

Alumno: Ha dicho que su afirmación favorita es el Padrenuestro. Por favor, muéstrenos cómo lo razonaría para comprenderla mejor antes de usarla, parte de ella al menos.

Maestro: Muy bien. Las primeras dos palabras de esa oración tienen un poder tremendo, si se piensan o se dicen con mucho sentimiento. ¿Qué sugiere "Padre Nuestro"? ¿Nuestro Padre, nuestro propio Padre? Cuando eras niño, ¿qué idea tenías de tu padre? Tu idea acerca de él puede haber sido exagerada, pero creías que era rico más allá de toda palabra, influyente, amable, cariñoso, bueno, siempre dispuesto a dar, a ayudar, a consolar, a hacerte feliz y a procurar que tuvieras todo lo que tu corazoncito pudiera desear. Entonces trata de sentirte hijo de Dios, con todo el entusiasmo de un niño. Reconoce que eres tan semejante a él, que te adora, te guía, te ampara, te protege, te da todo lo que tiene para dar en generosas cantidades, que tú eres y que tienes todo de él. Haz esto con toda la oración. Piensa, entiende y asimila todo; luego úsalo todo. Si haces tu parte, descubrirás que el Principio-Padre de la vida siempre responde. Es posible que tu cualidad mental objetiva no sepa qué es lo mejor para ti, ya que solo puede entender el lado objetivo y limitado de la vida. Pero el Padre en ti, él sabe. Pregúntale, déjate guiar por él. Tus verdaderos deseos no son más que reflejos de él que brillan y se registran en tu mente.

Alumno ¿No sería una buena idea que nos remitiéramos con frecuencia a la lección sobre "El deseo, un impulso Divino" cuando haya alguna confusión mental sobre los deseos?

Maestro: Sí, eso es recomendable, de hecho, confío en que revisarás con frecuencia todas las lecciones de este curso. Y deseo fervientemente que intentes poner a Dios en primer lugar en tu corazón, en tu mente, en tu alma y en tu vida diaria. Si lo haces, significará para ti una vida de suprema libertad propia y verdaderamente harás de ti mismo un reflejo de la propia idea de Dios, que es el tú perfeccionado. Con este fin te recomiendo que memorices, al pie de la letra, los siguientes puntos y afirmaciones, y que los utilices regularmente, una y otra vez. Aquí están:

Para uso diario, sistemático y amoroso: Tu esfuerzo de cada hora debe ser comprender plenamente tu verdadero lugar en el gran Plan de la Vida. ¿Cuál es este verdadero lugar para cada individuo? Como Troward me enseñó, las siguientes tres cosas: (1) La adoración solo a Dios. (2) La igualdad absoluta de todas las personas. (3) Control absoluto de todo lo demás.

Afirmaciones

1. Yo soy Inteligente, Espíritu amoroso, viviendo en Amor y Poder Creativos. En él vivo, me muevo y tengo todo mi ser.

2. Yo Soy una parte especializada de la propia automanifestación de Dios. Dios está especializado en mí, por lo tanto, yo soy armonía perfecta.

3. Yo soy el conocimiento directo de toda la verdad. Yo soy intuición perfecta. Yo soy percepción espiritual en su plenitud. No hay más que una sabiduría, por lo tanto, yo soy la sabiduría Perfecta.

4. Mi mente es un centro de operación divina; por lo tanto, yo siempre estoy pensando buenos pensamientos, hablando solo palabras constructivas. El tiempo es eterno; Dios es el único dador. Su amorosa inteligencia está continuamente actuando en mí y a través de mí; por lo tanto, yo siempre estoy actuando correctamente. Yo estoy pensando los pensamientos correctos, de la manera correcta, en el momento correcto, hacia el resultado correcto. El trabajo de Dios en mí y a través de mí está siempre bien hecho.

5. Yo soy Espíritu Especializado. Estoy siempre recibiendo ricas y poderosas inspiraciones del Gran Espíritu Paterno Universal. La inteligencia Divina está siempre pensando ideas nuevas, frescas y claras a través de mí, ideas mucho más allá de cualquier otra que haya conocido antes. Mis oraciones son la salida de la gran Alma Suprema del Universo. Salen en su nombre; y

siempre logran aquello para lo que las envío.
Dios se glorifica ahora en mí y a través de mí.

EJERCICIOS PARA LA SALUD

Respiración, Baño y Ejercicios Cortos, Fáciles y
Beneficiosos para la salud.

Nota: Estos ejercicios se dan como estimulante de tu
capacidad, tanto mental como física. La mente y el cuerpo
son uno. Cuando el cuerpo y la mente son fuertes, la
felicidad y el éxito suelen acompañarlos, especialmente si
se les añade la eficiencia mental y corporal.

La respiración correcta es uno de los métodos más
poderosos de la naturaleza para construir un cuerpo
poderoso, un cuerpo perfecto. Comencemos ahora a
respirar de manera correcta y beneficiosa. Si estos
ejercicios se hacen como es debido, no habrá ningún
esfuerzo. Los ejercicios son los siguientes:

(1) Al levantarte por la mañana, primero bebe dos o
tres vasos de agua. El efecto será mejor si la tomas tan
caliente como puedas soportarla, con el jugo de medio
limón.

(2) A continuación, mantente erguido o recuéstate en el suelo. Exhala completamente. Ya sea de pie o acostado en el piso, dobla ligeramente las rodillas.

(3) Al exhalar, contrae el pecho y el diafragma, empujando este último hacia abajo, tanto como sea posible sin causar tensión. Naturalmente, esto extenderá el abdomen.

(4) Después, sin levantar el pecho, empuja el abdomen hacia adentro lo más que puedas.

(5) A continuación, sin intentar respirar correctamente, empuja el abdomen hacia fuera y hacia dentro rápidamente al menos doce veces.

Después de haber dominado el ejercicio anterior para el abdomen y el diafragma, realiza el siguiente ejercicio, durante no más de dos minutos cada vez:

(1) Mantente erguido o recuéstate bocarriba.

(2) Exhala completamente, contrayendo el pecho.

(3) Luego, inhala lentamente por las fosas nasales, intentando que el pecho no se mueva.

(4) Deja que el diafragma empuje el abdomen hacia abajo, y mantén la respiración durante tres o cuatro segundos.

(5) Exhala lentamente.

(6) A continuación, olvídate por completo del abdomen y el diafragma e inspira profundamente, dejando que la respiración eleve las paredes torácicas hacia arriba y hacia fuera hasta su máxima capacidad.

(7) Aguanta la respiración unos segundos y exhala todo el aire.

Si practicas estos dos sencillos ejercicios cada mañana durante diez días, notarás una gran mejoría en la condición física y la vitalidad; la cabeza y la mente estarán más claras y tendrás un verdadero entusiasmo por el trabajo.

Sin duda, sabes que el tipo correcto de baño es un espléndido tónico para los nervios, así como un punto importante para alcanzar la perfección física y mental.

(1) Cuando te bañes por limpieza, el agua debe estar a la temperatura de la sangre, nunca fría ni caliente.

(2) Después del baño de limpieza, llena el lavabo con agua fría. Recoge dos puñados y aplica en la frente, y frota de arriba abajo la cara.

(3) Llena tus dos manos con agua y aplícalas en la frente, y frota hacia arriba y hacia abajo la cara.

(4) Sumerge de nuevo las manos en agua fría y sacude toda el agua sobrante, luego frota el resto detrás de las orejas.

(5) Repite el proceso en la parte posterior del cuello.

Estas cosas calman y fortalecen los nervios.

Alivio para el Estreñimiento.

Primero, medita sobre la acción perfecta y armoniosa de la Vida. En la naturaleza no se encuentra inacción ni acción excesiva. Piensa en cómo la vida en tu cuerpo regula el flujo de sangre, la acción de los músculos, tanto voluntarios como involuntarios, y cómo todas estas cosas se hacen en perfecta armonía.

Para un ejercicio regulatorio que alivie el estreñimiento, lo siguiente es espléndido:

(1) Tan pronto como te levantes por la mañana, bebe dos vasos de agua caliente.

(2) Ponte de pie, o recuéstate de espaldas en el suelo.

(3) Respira profundamente. Al inhalar extiende el abdomen y contráelo al exhalar. Realiza esto sin dejar que el pecho se eleve en absoluto.

(4) Realiza el ejercicio de forma rápida, vigorosa, inhalando siempre por las fosas nasales y exhalando por la boca.

(5) Toma aproximadamente ocho segundos para cada respiración completa.

(6) Realiza este ejercicio durante uno o dos minutos y luego emplea otro minuto para recuperar la respiración normal.

Se recomienda un segundo ejercicio; y es mejor si se toma junto con el que se acaba de dar. Es el siguiente:

(1) Nuevamente, erguido o recostado de espaldas, preferiblemente esto último.

(2) Lleva primero la rodilla derecha y luego la izquierda hacia el pecho lo más cerca posible.

(3) Inhala profundamente al apoyar el pie en el suelo y exhala al llevar la rodilla hacia el pecho.

(4) Haz este ejercicio rápida y vigorosamente durante un minuto.

Después del ejercicio, intenta entrar en el sentimiento de gratitud de que eres capaz de sintonizar conscientemente con la acción armoniosa de la vida. Si sigues pensando profundamente en el hecho de que todas las cualidades de la vida deben estar presentes en cualquier lugar y en todas partes donde haya vida, el sentimiento de unicidad llegará y disfrutarás de su emoción. Lo mejor que hay es tuyo ahora, y el movimiento perfecto se está manifestando ahora.

Cómo Conservar la Juventud y Eliminar las Canas y las Arrugas, si te Molestan.

Reflexiona, conoce, siente, agradece el hecho de que la vida, como vida, no tiene edad y es eterna. Piensa profundamente en este hecho todos los días. Pronto tendrás la profunda y permanente conciencia de ello. En el ojo de tu mente, y en la memoria, trata de recordar cómo te sentías acerca de ciertas cosas cuando tenías veinte años, cómo te veías entonces, cómo actuabas y cómo rebosabas de energía. Pregúntate si tu punto de vista sobre la vida en general ha cambiado radicalmente, o si simplemente has olvidado cómo vivir la vida y amarla, como lo hacías entonces. Las emociones, el sutil entendimiento, el entusiasmo por la actividad, tal como los tenías en la juventud, no se han ido sin dejar rastro en el desarrollo de tu edad más avanzada. Intenta revisar mentalmente cada día, y vive por un momento cada día las experiencias de la juventud, trayéndolas de nuevo a tu sentimiento. Tal vez digas: "¡Oh, pero la juventud es tan insensata!" Puede ser, pero recuerda siempre que hace cosas. Intenta eliminar y destruir las dudas de tu avanzada edad; trata de quitar de ti mismo, de tu pensamiento y sentimiento, tu tendencia a ser demasiado conservador. La vejez no es más que una idea osificada. Ser demasiado conservador y oponerse al progreso y al cambio son las cosas que lo hacen a uno viejo, y generalmente impotente. Tu juventud estaba bien. Vívela de nuevo, vívela en el sentimiento y mantenlo temporalmente reforzado con imágenes mentales de tu yo feliz y seguro de ti mismo cuando tenías veinte años. Mira tu rostro, tu figura y tu pelo como eran entonces. Y cada día realiza el siguiente ejercicio para eliminar las canas:

Vigorosamente, frota todo el cuero cabelludo, desde la nuca hacia arriba sobre la coronilla hasta la línea del cabello en la frente, usando "Glover's Mange Cure". (Glover, remedio contra la sarna). Este líquido no es solo para perros, sino que también es un excelente tónico y estimulante para el cabello humano. Frota bien el líquido en el cuero cabelludo. Las canas se caerán durante un tiempo después de haber hecho este ejercicio fielmente durante varios días, pero sigue haciéndolo y aparecerán nuevos cabellos con el color natural del cabello de tu juventud.

Sí, regresa mentalmente a los veinte y equilibra su vitalidad con tu sabiduría actual.

Reconoce con todo tu corazón y tu alma, y todo tu ser emocional, que la vida, como Vida, se está manifestando en ti de una manera particular con el fin de encontrar nuevas vías para expresarse como la alegría de la vida.

Realiza un esfuerzo cada hora para mantener en tu conciencia solamente tus alegrías. ¡Haz que se registren! Deliberadamente, sé feliz y tu cuerpo responderá a ello en todos los sentidos. También ayudará, particularmente a las mujeres, sentarse frente al tocador una media hora todos los días, viéndote a ti mismo no como eres ahora (si has envejecido) sino como eras en la juventud. Realiza esto con profunda concentración, con el sentimiento más profundo, afirmando algo como esto: "Yo soy Vida. Yo soy juventud, eterna juventud". Sin embargo, lo importante es verte como joven, sentirte joven, saber que eres joven. Pronto verás una notable mejoría. El pensamiento es siempre creativo. Pronto te verás más joven; pronto te sentirás más joven; pronto serás más joven, no en años, por supuesto, pero los años no hacen el envejecimiento. Algunos son viejos a los veinticinco, otros son jóvenes a los ochenta. Es la flexibilidad de la mente, un gran disfrute de la vida, lo que hace la elasticidad de los músculos y la juventud.

Un Método para Atraer Dinero

Medita sobre la riqueza de la Vida tal y como es en realidad. Todo lo que podemos ver o pensar en la Naturaleza solo nos muestra abundancia. Todo lo que crece está ampliamente provisto. La hierba y los árboles, y otras cosas que crecen, no conocen la pobreza. En el suelo, en el aire, en la luz del sol, hay abundancia de alimento para todos. Piensa en esta gran verdad fundamental, porque también se aplica a ti.

Dondequiera que estés, cualquiera que sea tu posición en la vida, el Creador de toda vida te ha provisto tan ampliamente como lo ha hecho con la hierba, los pájaros y toda la naturaleza. No es su culpa que no todos expresen o manifiesten esta generosidad; las personas son tan pobres, o pronto serán tan ricas, como acepten para sí mismas en la conciencia. Todo lo que tu naturaleza individual pueda requerir ya te ha sido proporcionado por el Creador. Uno solo tiene que aceptarlo, primero en la conciencia y luego en los hechos. Tu constante reconocimiento de este hecho forma un verdadero imán en la mente, el cual atraerá cada requerimiento hacia ti, no como dinero que caerá en tu regazo sin esfuerzo, sino como ideas, que cuando se actúe sobre ellas, producirán una abundante cosecha.

Intenta esto. Comienza ahora mismo a tomarte el tiempo, dos o tres veces al día, para enfocar tu pensamiento en la base del cerebro y repite: "Espíritu de Dios (Vida), te agradezco por la abundancia que es mía ahora".

Puedes usar cualquier otra buena afirmación, quizás una que compongas por ti mismo, servirá siempre que su uso eleve tu pensamiento y sentimiento hacia la certeza de que la abundancia es tuya ahora. Cuanto más completamente pueda inundar tu mente, tu conciencia, con el reconocimiento de la abundancia de la vida, tanto para ti como para todos, más rápidamente tu pensamiento y sentimiento se manifestarán en forma. Intuitivamente, vendrán a ti ideas enriquecedoras, especialmente si imprimes en tu mente las riquezas que ahora son tuyas justo antes de irte a dormir. Cualquier buena idea, si se lleva a la práctica con sabiduría y energía, producirá gran abundancia para quien la capte y trabaje con fe hacia su realización.

El Valor del Sueño y un Nuevo Método para Inducirlo.

El sueño es el reconstituyente natural de los tejidos cansados y, a menudo, el único refrescante eficaz de la máquina corporal. La cantidad exacta de sueño requerida varía según cada individuo, dependiendo en gran medida de lo fatigada que esté una persona al acostarse.

Si sientes la necesidad de relajarte y dormir, sin embargo, no puedes conciliar el sueño fácilmente, prueba el siguiente método, que tal vez hayas leído en mi libro "El Poder Sanador es la Vida". Es el siguiente:

(1) Siéntate desnudo en el borde de la bañera, con los pies fuera de ella.

(2) Toma una jeringuilla y llénala con agua que esté tibia como la sangre (no caliente).

(3) Coloca el extremo del tubo en la nuca y deja que el agua tibia se deslice por la columna hasta que comiences a sentirte relajado. A continuación, acuéstate rápidamente, cómodo, cálido y relajado.

Otra ayuda para la relajación (y la relajación, si es completa, indudablemente induce el sueño en una persona cansada) es la siguiente:

(1) Acuéstate de espalda en la cama.

(2) Deliberadamente, envía el mensaje a los dedos de los pies, con firmeza: "¡Relájate!"

(3) Continúa enviando el mensaje hasta que los dedos de los pies se estiren y se relajen.

(4) Luego relaja los tobillos de la misma manera, también las rodillas, luego la base de la columna y de la columna misma a la base de la cabeza, también las manos y los brazos.

Por regla general, nunca se llega tan lejos con el ejercicio de relajación; casi siempre se cae en un sueño profundo y reparador antes de haber relajado conscientemente más de la mitad del cuerpo.

Al despertar, si te sientes recuperado, no te obligues a permanecer en la cama, sea la hora que sea. Levántate y haz algo que te interese.

Asegúrate de que la habitación en la que duermes está siempre bien ventilada; casi todas las personas respiran más profundamente cuando duermen que cuando están despiertas, a menos que hagan ejercicio físico regularmente. No ingiera una comida abundante justo antes de acostarse.

Si pruebas este método para inducir el sueño, descubrirá que es muy eficaz para inducir un sueño reparador que tendrá un valor recuperador real.

CÓMO VIVIR LA VIDA Y AMARLA

Maestro: Si estás ansioso e inseguro sobre el futuro debido a los cambios rápidos y extremadamente caóticos que están ocurriendo a tu alrededor, aquí tienes una lección que te ayudará a encontrar tu verdadero yo y a permanecer en paz. Una vez que encontramos nuestro verdadero yo, estamos en sintonía con la vida tal y como es. Entonces podemos vivir la vida y amarla. La vida realmente es gloriosa una vez que uno sabe cómo vivirla. Intenta imaginar por unos minutos que conoces un secreto que abre todas las puertas cerradas de la aparente limitación y que entonces puedes entrar en un mundo nuevo en el que todo es vida y libertad. Para entrar en este paraíso de libertad mental, debes estar entrenado para elegir cuidadosamente la tendencia emocional del pensamiento.

Alumno: ¿Quiere decir que solo aquellos que han desarrollado sus diferentes facultades mentales, a través del estudio y la práctica de la verdad, pueden entrar en este reino?

Maestro: Eso es exactamente lo que quiero decir, ya que los pensamientos son creativos. Aquellos que han aprendido el valor de la voluntad entrenada, de la imaginación, de la intuición, y que viven conforme a ello, pueden sentirse realmente seguros. La tendencia del pensamiento, los hábitos de pensamiento, determinan con precisión los asuntos externos de uno. A medida que comienzas a recorrer este camino que conduce a la libertad absoluta en todas las cosas, es necesario dejar atrás todo el exceso de equipaje, como la autocompasión, la intolerancia, la crítica, el miedo, el desaliento, los sentimientos de superioridad y todos los demás ocupantes negativos y destructivos de tu casa mental. Toma todo esto y ponlo en una bolsa segura, luego ata una cuerda de resuelta determinación a su alrededor y tíralos al montón de la basura. Cubre la inútil bolsa de males destructivos con aceite y préndele fuego. Entonces, estarás realmente listo para comenzar tu viaje.

Alumno: Parece que en este camino solo se puede "llegar lejos" desarrollando el autocontrol. ¿Es eso tan necesario?

Maestro: Sí, vitalmente necesario. Por muy verdadera y poderosa que sea una verdad, debe haber un método de aplicación del principio para el individuo. El mejor método y más seguro para manifestar la verdad de que Dios y el ser humano son Uno, y que Dios vive y piensa a través de cada uno de nosotros, es cultivar deliberadamente el autocontrol con la consecuente serenidad de mente. En tu esfuerzo por utilizar este gran Poder para tu propósito individual en los asuntos de tu vida diaria, debes ser capaz de atrapar tu pensamiento en el momento en que comienza a divagar en dudas, miedos, condenación, críticas, etc. y volverlo en la dirección que deseas ir. Así construirás seguridad en tu alma y en tu cuerpo, y la posesión de seguridad interior significa seguridad y todas las cosas buenas en los asuntos.

Alumno: Pareciera que mi carácter y mi autocontrol requieren mucha atención. Debo admitir que no soy paciente, y es cierto que soy intolerante, pero solo con aquellos que lo merecen; solo pierdo los estribos con aquellos que no parecen esforzarse por poner de su parte.

Maestro: No es mi intención referirme personalmente a tu carácter. Pero sí digo seriamente que toda persona que desee disfrutar de las bendiciones de la verdadera libertad debe aprender a seleccionar cuidadosamente sus pensamientos, lo que significa control absoluto de los pensamientos, o autocontrol. De este modo, muy pronto recibirás solo los pensamientos que admiras y disfrutas. Los pensamientos groseros, gruñones, egoístas, condenatorios, sospechosos, vagabundos, todos los cuales tratarán de hacer una conveniencia de tu dominio mental, deben ser expulsados de tu mente. La mejor manera de hacerlo es poner todo tu sentimiento en una afirmación, cualquiera que te atraiga en ese momento. Aférrate firmemente a ese pensamiento y sentimiento hasta que todo lo que sea contrario desaparezca de tu mente. Entonces cierra las puertas de tu mente y usa tu voluntad para mantener alejados de tu presencia los pensamientos que has descartado.

Alumno: Hacer que mi mente haga mi nueva voluntad no será fácil. Prácticamente tendré que cambiar por completo mis procesos mentales habituales.

Maestro: No, no será fácil. Pero la meta a la que te conducirá la disciplina vale mil veces el esfuerzo requerido, por mucho esfuerzo que sea. Si mentalmente te mantienes firme en tu resolución de hacer de tu mente un centro consciente de operación divina, aunque sea por una semana, viéndote crecer constantemente hacia lo que deseas llegar a ser, te sorprenderás de tu propio crecimiento y del genuino interés que tienes por todo lo que te rodea. También descubrirás muchas cosas maravillosas sobre ti mismo, que nunca habías conocido antes. Una vez que enfoques tu atención y tu intención en la vida inteligente dentro de ti, y trates de reproducirla en tu propio ser, comenzarás a obtener de inmediato resultados que te parecerán casi fenomenales. Mantén tu conciencia enfocada en el hecho de que el Espíritu de Vida no tiene miedos, ni ansiedad, y pronto tu sentimiento se corresponderá con él. Prueba esto durante dos semanas, sin desviarte; luego pregúntate si regresarías a tu antiguo estado, si pudieras.

Alumno: ¿Es posible que los pensamientos de los demás sobre uno le "hipnoticen" y le impidan progresar? A veces parece que estoy haciendo verdaderos progresos cuando de repente, y sin razón aparente, surge un impulso y un sentimiento casi incontrolable de "¡bah, qué sentido tiene!". Soy como un barco sin timón, tratando de atravesar una fuerza invisible e invencible, y "llegando rápido a ninguna parte", como suele decirse. En el mejor de los casos, estas experiencias son largos desvíos del camino principal. ¿Cuál es la causa de estos episodios?

Maestro: Desde el principio le diste el nombre correcto. Es hipnotismo; aunque, por regla general, se trata de autohipnotismo, casi inconscientemente, debido a los antiguos hábitos de pensamiento, y es el resultado de dejar que otras cosas mantengan tu atención. Tus esfuerzos para controlar tus pensamientos deben ser constantes, continuos, sin momentos de descuido. Los simples esfuerzos espasmódicos, por muy intensos que sean en el momento en que ocurran, nunca te llevarán muy lejos en el camino hacia la nueva meta que te has fijado. Antes de avanzar más en el estudio de estas lecciones, ahora mismo, decide categóricamente que estás entrando en el estudio para ganar, y que vas a hacer un esfuerzo serio, constante y continuo para lograrlo. Mi remedio personal para superar cualquier tendencia a volver a caer en el antiguo surco del pensamiento erróneo, y te aseguro que siempre ha sido un remedio muy potente y seguro, lo creas o no, es esa oración maravillosa, que algunos despectivamente llaman "anticuada y pasada de moda", me refiero al "Padrenuestro". Repasa cuidadosamente el Padrenuestro todos los días. Si aún no lo conoces a fondo, memorízalo, para que puedas repetirlo en cualquier lugar, en cualquier momento, en silencio si quieres. Utilízalo, repítelo con atención, despacio y con mucha profundidad de sentimiento, cada vez que tengas la menor tendencia a desviarte de tu camino. Cuando hayas terminado de leer o de repetir la oración, retoma tu imagen mental, viendo, sintiendo, creyendo y sabiendo mentalmente que ya estás en posesión de lo que quieras. Esto es lo que Jesús quiso decir cuando nos dijo: "Pidan creyendo que ya lo tienen y lo tendrán". Si haces estas cosas, muy pronto descubrirás que estás en el camino hacia la libertad y la alegría, y que cada vez te resultará más fácil permanecer en el camino, sin tantos desvíos.

Alumno: En este momento me gustaría mucho tener más dinero. De hecho, necesito tenerlo. ¿Quiere usted decir que puedo atraer el dinero que necesito simplemente rezando el Padre Nuestro durante, digamos, media hora cada mañana y cada noche, y "precipitar" el dinero desde el aire? ¡Parece increíble!

Maestro: ¡Lo que preguntas es increíble! No estás entendiendo mi verdadero significado. En mi opinión, la mejor declaración de la ley de la vida que se haya pronunciado jamás, es esa maravillosa declaración de Jesús, a saber: "Busquen primero el reino de Dios y su justicia (rectitud), y (luego) todas las cosas serán añadidas". No obstante, debes tener en cuenta que, primero, debes buscar el reino, debes hacer un esfuerzo honesto para hacer de tu mente un centro de operación divina únicamente y por su propio bien, sin ningún motivo ulterior. Entonces todas las cosas te serán añadidas.

Lo que te sucede mediante el uso constante y persistente del Padre Nuestro, como estábamos diciendo, es lo siguiente: Con el cambio constante de tu actitud mental, a medida que progresas, vas desarrollando más fuerza y poder espiritual. Este autodominio que estás desarrollando constantemente es el crecimiento de la Sabiduría Divina, el Poder y la Belleza dentro de ti. Naturalmente, entonces, todo tu mundo exterior cambiará gradualmente para corresponder a tu nuevo mundo interior porque tu pensamiento más habitual toma forma exterior. Se producirán cambios maravillosos en el círculo de tu mundo individual. Tu pensamiento y sentimiento atraerán las formas correspondientes; y te sentirás muy animado a seguir y seguir y seguir hacia más alegría y libertad.

IMAGINACIÓN E INTUICIÓN

Maestro: Hoy hablaremos de ese gran poder que llamamos imaginación.

Alumno: ¿Puedo preguntar qué es la imaginación? A menudo escucho que usted habla de ella como de nuestro "avión espiritual", y dice que "nos hace volar". Pero, ¿qué es exactamente?

Maestro: Ningún mortal puede responder a esa pregunta. Con toda nuestra investigación científica, nadie ha encontrado ninguna pista racional sobre la fuente de este gran poder, fuera de Dios o del Espíritu. Tampoco nadie ha podido determinar hasta dónde es capaz de llevarlo el uso de la imaginación. Es infinito. Es el misterio de los misterios y, en este sentido, podría compararse con la electricidad. Sin embargo, sabemos que existe y que su poder para el bien es inconcebible, si se utiliza de forma constructiva y correctamente. Lo que debemos hacer es indagar sobre su utilidad para nosotros. Toda persona normal está dotada de ella en cierto grado; y al igual que la voluntad, la imaginación puede desarrollarse. Si se entiende bien y se utiliza correctamente, obrará aparentes milagros.

Alumno: ¿Por qué llama a la imaginación el "avión espiritual"?

Maestro: Porque la imaginación, utilizada correctamente, puede elevarnos y nos elevará, como si tuviéramos alas, por encima y más allá de toda limitación, por encima de nuestra visión baja y estrecha de la vida, hacia un dominio sin nubes de verdadera perspectiva. La imaginación te da una visión clara de las posibilidades en tu vida que nunca has sido capaz de ver antes. Entonces, aunque te das cuenta de que se necesita determinación y esfuerzo para alcanzar el éxito, también sabes que con la imaginación puedes acceder a la fuente de posibilidades ilimitadas y energía inteligente. En un instante, esa misteriosa cosa alada llamada imaginación te muestra dónde se encuentran todas las riquezas de la vida.

Alumno: Supongamos que uno se siente débil, apagado, pobre, que sabe que sus ideas son buenas, pero que carece de dinero o de salud para llevarlas a cabo. ¿Qué puede hacer la imaginación al respecto?

Maestro: La imaginación revelará que la fuerza, el poder y los medios se encuentran dentro de tu ser Divino, y que un mejor conocimiento y un uso más frecuente de los poderes divinos internos te conducirán con seguridad al éxito en cualquier línea.

Alumno: La imaginación, ¿puede llevarnos a grandes alturas espirituales? ¿O pertenece más al éxito material?

Maestro: Jesús, el Nazareno, se elevó a la exaltada Cristiandad a través de la comprensión y el uso de sus poderes de imaginación. ¿No es eso alcanzar las alturas espiritualmente?

Alumno: ¿La imaginación es la que abre la puerta para que entre el bien ilimitado?

Maestro: No, no correctamente hablando. Es la intuición, una cualidad femenina o del alma, la que primero capta una idea del infinito y la transmite a la imaginación. La imaginación lo eleva a uno a un lugar en la conciencia donde todas las cosas no solo son posibles, sino que son hechos presentes, espirituales. Observa a los que han superado todas las desventajas imaginables hasta alcanzar un gran éxito. Tomemos a Louis Pasteur, por ejemplo. No tenía mejor mentalidad, ni más fuerza, ni más dinero, que cualquier otro francés común; y él era tan desconocido como el más inferior de ellos. Por naturaleza, sus herramientas mentales no eran más agudas que las tuyas. Pero esa cosa extraña y misteriosa, llamada imaginación, era muy activa en él, y se elevó mucho más allá de su escaso equipamiento y de las primeras dificultades hacia nuevos reinos de sabiduría. Muchas veces no estaba seguro, pero imaginaba; y porque imaginaba, descubría, y porque descubría, realizaba curas milagrosas, y hasta el día de hoy su sabiduría previene la enfermedad y la muerte de innumerables millones de personas. Verdaderamente, Pasteur fue un santo. Lo mismo puede decirse de Paracelso. La gente decía que tenía suerte. La gente envidiosa y perezosa siempre dice esto de cualquiera que tiene éxito. Pero las curaciones de Paracelso no fueron suerte; fueron el resultado de su imaginación y trabajo. Jesús conoció íntimamente a Dios mediante el uso de su fértil imaginación; y mediante el uso del mismo poder místico fue capaz de entrar en otras vidas. Su éxito puede atribuirse fácilmente a su capacidad de ver a Dios (que es la Perfección) en cada persona con la que entraba en contacto, sin importar cuán trágica, solitaria, desesperada o viciosa pareciera. A través de su reconocimiento de Dios en todos, ayudó a las personas a ver a Dios en sí mismas. Esta fue la fuente de su gran poder.

Alumno: Entonces, ¿la imaginación realmente es dínamo y no un simple medio de ensoñación trivial y ociosa?

Maestro: Sí. Reconoce tu imaginación como una dínamo de poder ilimitado. Utiliza toda la que poseas siempre que la necesites. La comprensión de ella, y la experiencia en su uso, demostrarán fácilmente que es la fuerza más poderosa en tu equipo mental. Si la utilizas correctamente, tu luz se elevará entre las estrellas más brillantes del cielo. No es suficiente soñar y desear sin hacer nada, como tampoco lo es encender el motor de un avión solo para ver girar la hélice. Debes alimentar tu imaginación con conocimiento y propósito. Debes fijar tu rumbo y mantenerlo. Los riesgos, las dificultades, solo serán oportunidades para utilizar tu imaginación en tu viaje por las nubes.

Alumno: Todo esto suena muy interesante e inspirador. Pero, cuando miro a mi alrededor y veo a la gente que triunfa, y que tiene mucho más en la vida que yo, me confunde. Parece que no saben, o no les importa, nada de Dios. ¿Qué opina de eso?

Maestro: En tu lugar, trataría de ocuparme de mis propios asuntos y empezaría de una vez a desarrollar mi propio poder; también dejaría de envidiar el éxito de los demás.

Alumno: Oh, yo no envidio nada a nadie. Simplemente no lo entiendo.

Maestro: Te ayudaría a evitar caer en la autocompasión. Cuando observas a alguien a quien le va mejor que a ti, te proyectas críticamente en su vida. Intenta hacer lo mismo de forma constructiva. Explora sus tácticas, sus gustos, su imaginación y su trabajo; y luego pregúntate si no te iría mejor y en menos tiempo si adoptaras algunos de los medios que él emplea.

Alumno: ¿Cómo puedo saber cómo otro hace su trabajo para tener éxito? No me había dado cuenta de que me he estado compadeciendo de mí mismo. ¿Cómo sería tratar de verme como me ven los demás?

Maestro: Te ayudaría mucho si dirigieras tu imaginación hacia ti mismo sin excusas ni justificaciones. Tu imaginación te mostrará tu verdadero ser, si tienes el valor de usarla y confiar en ella. Y también deja que tu intuición te ayude.

MATRIMONIO, HIJOS Y DESEOS

Hogar, Matrimonio, Hijos.
Cómo Traerlos si los Deseas.

Alumno: Me parece que muchos de mis amigos casados serían perfectamente felices si pudieran tener hijos. Parece extraño que no puedan tener ninguno.

Maestro: No, no es extraño. Todo está de acuerdo con la Ley. "El principio no está gobernado por el precedente". Los hijos son el resultado de conocer, sentir, vivir esa Ley consciente o inconscientemente; son el nacimiento de nuevas ideas, de algo diferente. Cada bebé es una nueva idea, una nueva forma en la que vive la Vida. Acostúmbrate a desarrollar nuevas ideas y verás que esas mismas ideas toman la forma de niños. No importa de qué se tratan las nuevas ideas, siempre y cuando las desarrolles plenamente. Imagina mentalmente tantos hijos como quieras tener. Cuando esté a punto de dar a luz la nueva idea en forma (un bebé), yo sugeriría la ayuda diaria de un buen practicante de Ciencia Mental, también en el momento del nacimiento. Con la comprensión adecuada, el nacimiento del niño será tan natural como la idea espiritual que precedió a la forma.

Alumno: Todo esto suena muy maravilloso y convincente mientras hablo con usted. A riesgo de que piense que tengo una mente de colador, ¿puedo pedirle que ponga los tres pasos, marido, hogar, hijos, de forma concisa y separada?

Maestro: Muy bien. Estaré encantado de presentarlos en el orden que indicas, pero, primero, ¿qué significa exactamente para ti la palabra cónyuge? ¿Qué características deseas que manifieste ese cónyuge? ¿Cuál debe ser su disposición para estar en sintonía con la tuya? Estos son tus primeros pasos en el camino.

Alumno: Para mí, cónyuge simboliza ciertas características que uno quisiera atraer desde el lado, ya sea masculino o femenino, de la Vida o cualidad de Vida, un tipo de persona que admiro. Sus principales cualidades deberían ser, para mí, la comprensión y el amor. Con estos dos atributos bien desarrollados en los dos, creo que la felicidad sería segura.

Maestro: Con el amor y la comprensión bien desarrollados en el marido y la mujer, la felicidad está asegurada. La única manera segura de atraer a este tipo de persona es desarrollar el amor y la comprensión en uno mismo. Es una gran verdad que lo semejante atrae a lo semejante. Así que primero piensa cuidadosamente qué tipo de persona consideras que podría ser feliz contigo.

Alumno: Oh, creí que debía pensar en las cualidades que el otro debía tener para hacerme feliz.

Maestro: Ese método ayudaría a desarrollar el egocentrismo, el egoísmo. Pero la otra forma es tender la mano para dar lo que tienes, y eso es un gran poder de atracción. Cuando hayas determinado el tipo de persona que sientes que sería feliz contigo, entonces toma para ti una hora temprano en la mañana y, a través de la lectura y la meditación, piensa en la cualidad de vida que deseas atraer y mantén el sentimiento. Aquí radica el verdadero valor de mantener tu pensamiento y sentimiento en su lugar, al igual que conectar el enchufe de la luz cuando quieres luz. Si sigues tirando del enchufe no obtendrás mucha luz. El secreto consiste en hacer contacto en pensamiento y sentimiento y mantenerlo con una actitud feliz y expectante. Por supuesto, esta capacidad de mantener una idea se alcanza desarrollando la voluntad.

Alumno: Me parece que la visualización no funcionará a menos que las imágenes mentales realizadas se mantengan en la mente. ¿No es así?

Maestro: Así es. Deben mantenerse en su lugar, como el contacto eléctrico de las luces debe mantenerse en su lugar si quieres beneficiarte de la luz y que permanezca encendida. Tu imán de pensamiento y sentimiento atrae de todo el Universo cualidades como amor, comprensión, protección, provisión, cónyuge, hijos, lo que sea que hayas visualizado.

Alumno: Es como un sello postal, solo tiene valor si se pega. ¿Estoy en lo cierto en que lo que realmente soy es lo que atraigo? Podría ser este el significado de la declaración de Jesús en Mateo 13:12 cuando dijo: "Porque a cualquiera que tiene, se le dará más, y tendrá en abundancia; pero al que no tiene, aun lo que tiene se le quitará". Cuando uno realmente tiene un cónyuge en el sentimiento y mentalmente se lo imagina, uno realmente tiene ese cónyuge; y es seguro que aparecerá en forma como un ser humano: ¿No es esto tener más abundancia? Qué despacio crezco. Primero quería que mi esposo tuviera comprensión; ahora veo que él es comprensión.

Maestro: Eso es. Cada cosa concebible que la mente y el corazón humano puedan desear, ya existe. Al igual que la electricidad, siempre ha estado allí; y tan pronto como uno se da cuenta y sintoniza el deseo con esa cualidad de Vida que es, la corriente comienza a fluir en esa dirección. Entonces, uno tiene una verdadera abundancia a través del continuo reconocimiento de que todo lo que pueda querer, ya lo tiene.

Alumno: ¿El proceso es el mismo si uno quiere tener varios hijos?

Maestro: Sí, fundamentalmente es lo mismo. Si deseamos manifestar nuestras nuevas ideas de vida en forma de hijos, es necesario dar a conocer el deseo a Dios, el gran Poder siempre presente, formativo, receptivo, creativo, inteligente. Siendo receptivo y creativo se manifiesta en forma, como niños.

Alumno: ¿Qué es lo primero que uno debe empezar a pensar y sentir?

Maestro: Primero, supongamos que tu deseo de tener hijos está en perfecta armonía con el Plan Divino de traer a la existencia terrenal un avance continuo de la raza humana. De modo que tu idea del nuevo nacimiento es que puedes ser un medio, o un canal, a través del cual el principio todo creador de la vida inteligente, bella y perfecta, puede reproducirse en una nueva forma, capaz de reconocerse a sí misma como una acción individualizada del Espíritu puro. Entonces, leyendo buenos artículos o libros, o meditando sobre una afirmación que te atraiga, sintonizas tu pensamiento y sentimiento con la más alta frecuencia de vibración. Quédate con el pensamiento y el sentimiento hasta que estés seguro de haber hecho tu contacto con la inteligencia Divina, del mismo modo que estás seguro de que encenderás la luz cuando te conectas a un enchufe.

En este último caso, sabes que el contacto se ha hecho porque la habitación se inunda de luz. Y en el caso mental, sabes que tu contacto se ha hecho porque todo tu sentimiento está inundado de certeza y una sensación de seguridad en el amor y poder de Dios, tal como se manifiestan en ti y a través de ti.

Alumno: Me parece que uno debería tener siempre presente el pensamiento de engendrar ideas perfectas relativas a cada acto.

Maestro: Jesús dijo: "Velen y oren para que no entren en tentación". Tú sientes hacia Dios (la Vida) lo mismo que tu hijo siente hacia ti. Si obedeces las leyes de la vida porque amas a tu Padre (Vida), tu hijo hará lo mismo.

Alumno: ¿Es necesario que tanto el padre como la madre deseen a los niños? ¿Deben tomar sus meditaciones juntos? ¿Deben hablar de la esperanza de tener hijos?

Maestro: Si tanto el padre como la madre desean tener hijos, la nueva idea será una idea más perfecta de Dios. No es necesario tomar meditaciones juntos, de hecho, personalmente prefiero tener todas mis meditaciones a solas. Y me parece que cuanto menos se habla sobre un deseo con alguien, más rápido y perfectamente se manifiesta el deseo. Si se habla de una cosa, por lo general, se pone en el futuro y rara vez se discute como un hecho presente; de ahí que la manifestación se retrase indefinidamente, debido a la costumbre de considerarla como una manifestación futura, como algo que "será" y no como algo que es.

Alumno: ¿Qué le parece este método para traer hijos propios a la vida personal? En primer lugar, estudiar y pensar sobre la ley fundamental de la Vida como siempre dando expresión a sus más altos ideales e ideas en forma humana. El ser humano es el ideal más elevado de Dios y los hijos humanos son ideas especializadas de la gran fuente creativa de todas las cosas. ¿No son nuestros hijos el resultado de las ideas de Dios de dar nacimiento a nuestros deseos más elevados?

Maestro: Tienes la idea correcta. Trata de sentir realmente que Dios, la vida, el amor, la sabiduría, está dando a luz una idea particular a través de ti. Planta esa idea, ese pensamiento-semilla, en el jardín de tu mente subconsciente individual. Al utilizar de esta manera tu cualidad subconsciente individual, estás haciendo tu parte para permitir que toda la energía creativa del universo actúe en ti y a través de ti sin límites. Así, eres un puente entre los dos extremos de la escala de la naturaleza, uno de los cuales es el Espíritu creativo más interno de la vida y el otro la forma particular y externa de un niño. Tu cualidad objetiva del poder del pensamiento, mentalmente ve a tu hijo perfecto, luego pasa el pensamiento y la imagen al poder creativo de tu cualidad mental subconsciente individual, la cual, a su vez, transfiere la semilla-pensamiento a Todo el poder de crecimiento que hay en la vida, tendiendo así un puente entre los dos extremos de la naturaleza. Tu semilla de pensamiento crecerá en perfecta exteriorización, al igual que un grano de maíz cuando se planta en las condiciones adecuadas.

Alumno: Esta idea de un pensamiento-semilla aclara toda la idea de que mi mente subconsciente individual es el puente entre yo mismo y todo el vasto océano de Vida.

Maestro: Si plantas un grano de maíz, primero te aseguras de que el suelo y el clima son los adecuados para cultivar maíz.

Alumno: ¿Eso significa que una mujer debería examinar su propio carácter y condición física, entre otras cosas, para determinar si realmente es el tipo de mujer para tener hijos perfectos?

Maestro: Estás en lo correcto. Es de vital importancia conocer estas cosas. Una vez que están claras, y la pareja esté segura en sus mentes de que desean crear en forma su más alto ideal de amor, como hijos, entonces puede proceder. Recordemos que la semilla que plantamos tiene toda la vitalidad, toda la esencia vital, necesaria para atraer hacia sí, desde el exterior de Toda Vida, todos los elementos necesarios para que crezca y se convierta en una reproducción exterior perfecta, en un hijo perfecto. Todos los padres, o futuros padres, deben ser padres iluminados, por supuesto, y deben hacer todo lo que esté en su mano para dar a luz, cuidar, nutrir y criar a los mejores hijos posibles. Ayudará a aquellos que son padres, o que desean serlo, si se informan a fondo siguiendo las líneas más científicas sobre este tema. Esto se puede hacer de muchas maneras, leyendo buenos libros sobre el tema, escritos por especialistas, tomando cursos sobre el tema que se ofrecen casi continuamente a través de los planes de difusión universitaria, también en muchos lugares por los departamentos municipales y estatales; y, finalmente, buscando el consejo y la atención de los mejores médicos desde la concepción en adelante.

VIDA, AMOR, BELLEZA

Maestro: En sus maravillosos libros, el juez Troward enfatiza a menudo que el Espíritu de la vida es también de amor y belleza, y que donde está el uno se encontrarán necesariamente los otros. Donde está la vida, está el amor. Uno es el correlato del otro. Donde están la vida y el amor debe estar la belleza.

Alumno: ¿Podemos tener otra ilustración para aclarar esto?

Maestro: Ciertamente. Todas las personas aprecian el arte. Los antiguos griegos fueron supremos en las artes durante muchos siglos. Hasta el día de hoy, muchas de sus obras nunca han sido igualadas. Nunca he visto ese hecho más convincentemente ilustrado, que el pasado verano en nuestra casa de Esplanade, en Redondo Beach, California. Nos visitó un caballero amigo del Sr. Smith, (Worth Smith, mi esposo), quien, al igual que el Sr. Smith, lleva muchos años estudiando la Gran Pirámide.

Trajo un libro maravilloso y nos mostró muchas fotos preciosas de exquisitos jarrones griegos. Junto a cada fotografía había un boceto del mismo jarrón con el diseño básico resaltado en geometría, muchas líneas trazadas en las características sobresalientes del boceto. Esos cuadros y bocetos poseían toda la gracia, la belleza y la perfección absoluta de la simetría que jamás he visto, sin un solo defecto en ninguno de ellos. Cada uno era la armonía más pura, tanto que uno se maravillaba y parecía que la música fluía de ellos. Cada jarrón era una expresión de Dios y de sus leyes de vida, amor, belleza y armonía, ejecutadas a la perfección por artistas en quienes vivían su amor, belleza y armonía. Debido a su adoración por la belleza y su fuente en el Padre, fueron capaces de concebir la belleza en la mente al planear los diseños de los jarrones. Sin duda esbozaron los diseños tal como se muestran en el libro, mediante el empleo de la geometría en la que sobresalían. Con el modelo ante ellos, crearon obras de magnífica armonía para glorificar la tierra. Dondequiera que esté la armonía perfecta, allí encontrarás el amor perfecto, porque son bendiciones gemelas.

Alumno: Pero no todos podemos hacer tales obras maestras, pues no todos tenemos tanto talento artístico. ¿No es así?

Maestro: Todos tenemos dentro algún talento. Desgraciadamente, muchos parecen no darse cuenta de ello y nunca hacen nada al respecto. Aun así, cualquier persona inteligente puede poner en cualquier tarea que tenga que hacer el Espíritu de vida, amor, belleza y armonía, sin tan solo lo desea, y puede hacer de los frutos de la tarea muchas cosas de belleza. Por ejemplo, algunas amas de casa convierten las tareas domésticas y la crianza de los hijos en un trabajo monótono, debido a su falta de iluminación sobre la verdadera divinidad de las tareas domésticas. Otras ponen amor, belleza, armonía, orden y alegría en la misma tarea y hacen una gloria de ella. Es una cuestión de la conciencia espiritual que uno tiene, o adquiere a través del estudio, si no está allí de manera innata.

Alumno: ¿Podría citar un ejemplo de la Biblia que presente este asunto de la conciencia de nuestra divinidad como la raíz de todas las bendiciones?

Maestro: Con mucho gusto. Estudia atentamente a San Mateo, capítulo 13, versículo 12. Jesús pronunció esas palabras de oro para enseñar a la humanidad que los iguales se atraen, invariable e infaliblemente. Ese pasaje expone la ley de la atracción en su máxima expresión, incluida una fe inquebrantable. Mediante la visualización se tiene espiritualmente, o en la mente, aquello que se busca, y que sirve como un imán de poder infinito para atraer hacia uno el feliz cumplimiento en forma o realidad física. Por supuesto, siempre y cuando uno también trabaje con confianza y felicidad para llevar a cabo las ideas que el Padre le da a uno, a través de la intuición, como pasos en el camino hacia la resplandeciente meta. Ahora, citemos directamente el pasaje, luego despojémoslo de todo el "misterio" que muchos afirman que contiene para ellos. Desafortunadamente, para muchos ese versículo sigue siendo un enigma durante toda la vida, a menos que tengan el suficiente interés como para buscar hasta encontrar la clave de su solución. El pasaje dice:

"Porque a cualquiera que tiene, se le dará más, y tendrá en abundancia, pero al que no tiene, aun lo que tiene se le quitará".

La gran pregunta es: Porque cualquiera que tiene ¿qué? ¿Se refiere al que tiene riquezas de dinero, o propiedades, u otras posesiones terrenales? No, aunque el que tiene aquello a lo que se refiere, es seguro que adquirirá la independencia económica y la conservará. Significa simplemente que "cualquiera que tenga" la conciencia del Padre dentro; el que tiene esa exaltada conciencia como una convicción permanente; el que tiene fe implícita en ella, y que lleva a cabo activamente en el trabajo que realiza, cualquiera que sea, las ideas de vida, amor, belleza y armonía que el Padre le da en un flujo incesante; a ese se le dará todo lo que pueda necesitar, y de sobra. Pero la persona que "no tiene" la conciencia elevada está sujeta a todas las penas, carencias y otras desarmonías que las circunstancias y condiciones pueden traerle; incluso hasta el punto de perder todo lo que ha ganado mediante el empleo habitual de la causalidad secundaria. Debido a que no tiene la conciencia está, o estará, "bajo el imperio de un destino de hierro", citando a Troward, y habitará en la ansiedad y el miedo, sin saber que "el Dios eterno es nuestro refugio, y una ayuda muy presente en los problemas".

Alumno: ¿Es posible hacer que el amor, la belleza y la armonía fluyan desde una persona, por ejemplo, desde un practicante hacia otra persona, y a través de ella, de modo que la segunda parte sea consciente de la elevación espiritual y reciba los beneficios correspondientes?

Maestro: Sí, de hecho, eso se hace fácilmente. Esa es la misión del practicante, porque él o ella hace estas cosas por otros muchas horas al día. Recuerdo muy bien un incidente que ocurrió no hace mucho en la hermosa casa de una muy querida amiga y estudiante en Denver. Me senté con ella en privado en su precioso salón, cogiendo su mano izquierda con mi mano derecha, completando así un circuito exactamente como se hace un circuito eléctrico, polo positivo en contacto con el polo negativo. Con mi mente hice contacto con el amor, la belleza y la armonía que es el Espíritu. Esas cualidades fluyeron desde el Espíritu Universal de Vida hacia mí, y a través de mí hacia mi querida amiga, y a través de ella de vuelta al Universal. Durante algunos minutos mantuvimos el contacto y ambas fuimos conscientes de la oleada de tremendo poder que fluía a través nuestro. Tengo el gentil permiso de esta amiga para mencionar su nombre. Se trata de Grace N. Northcutt. Gracias a su amable generosidad se ha publicado la nueva edición de este libro que estás leyendo ahora.

Alumno: Entonces, ¿es cierto que cuando uno se hace el hábito de reconocer conscientemente a Dios en su vida diaria, cada hora, incluso minuto a minuto, en ese grado obtendrá buenos resultados?

Maestro: Sí. La correspondencia es exacta. Si aplicamos las leyes de la electricidad, es seguro que obtendremos resultados que correspondan únicamente a esas leyes. Es una locura aplicar un conjunto de leyes creativas a un problema y esperar obtener resultados que correspondan a un orden diferente. Si ponemos en movimiento las leyes de la armonía a través de un pensamiento concentrado y consagrado, solo la armonía se manifestará en nosotros y a través de nosotros, y en nuestros asuntos. Nuevamente, te entrego la llave de oro que abrirá cualquier puerta de esclavitud y que nunca te decepcionará si persistes en usarla con sabiduría. Repito, es el versículo doce del capítulo trece de Mateo.

Alumno: ¿Cómo se obtiene? ¿Qué precio hay que pagar por la llave?

Maestro: El precio se da en el capítulo quince de Juan y es como dijo Jesús: "Permanezcan en mí". Eso te pondrá en una relación completamente nueva con tu Padre y con tu entorno, te abrirá muchas nuevas posibilidades hasta ahora inimaginables, todo por una secuencia ordenada de leyes creativas que resultan de tu nueva actitud mental. El pensamiento es la energía mediante la cual se pone en funcionamiento la ley de atracción. Mediante el pensamiento mantenemos la savia de la vida fluyendo del tronco a las ramas. La afirmación que Jesús hizo en Mateo 13:12 es tan importante que la repitió una y otra vez, expresada de forma un poco diferente, pero conteniendo la misma ley.

Alumno: ¿Podríamos tener un calendario y algunas afirmaciones para uso diario? Me parece que si tenemos uno ante nosotros, impreso, nos ayudaría mucho en nuestro avance.

Maestro: Primero te daré dos afirmaciones que he encontrado muy efectivas y poderosas cuando se usan consistentemente con profundo sentimiento.

(1) "Padre, te doy gracias por el conocimiento consciente de que todo mi bien proviene solo de ti, y que ya no miro a las demás personas como fuente de mi suministro".

(2) "Dios es mi suministro siempre presente y grandes sumas de dinero vienen a mí rápidamente, bajo la gracia y de manera perfecta, para suplir abundantemente cada una de mis necesidades, y de sobra"

Además, será de gran ayuda un estudio cuidadoso de estas tres referencias: Marcos 5:36; Marcos 9:23 y Juan 20:29.

Por último, me complace darte una excelente rutina de uso diario que me dio el propio Troward. La he utilizado fielmente durante treinta y cinco años y es una poderosa ayuda. Es la siguiente:

Lunes: Cuida tus palabras.

Martes: Cuida tus sentimientos.

Miércoles: Cuida tus actos.

Jueves: Cuida lo que recibes.

Viernes: Cuida lo que das.

Sábado: Busca el Espíritu de Vida y Amor en todos y en todo.

Domingo: Que el Padre Nuestro permanezca contigo continuamente.

Sabiduría de Ayer, para los Tiempos de Hoy

www.**wisdom**collection.com

.